数字经济100问

任群星　许少亮　陶勇◎著

文化发展出版社
Cultural Development Press
·北京·

图书在版编目（CIP）数据

数字经济100问 / 任群星，许少亮，陶勇著．北京：文化发展出版社，2025．7．—ISBN 978-7-5142-4696-4

Ⅰ．F49-49

中国国家版本馆CIP数据核字第2025317ZQ6号

数字经济100问

任群星　许少亮　陶　勇　著

责任编辑：安玉霞　　　　责任校对：侯　娜
责任印制：邓辉明　　　　封面设计：思享文化
出版发行：文化发展出版社（北京市翠微路 2 号　邮编：100036）
网　　址：www.wenhuafazhan.com
经　　销：全国新华书店
印　　刷：三河市中晟雅豪印务有限公司

开　　本：880mm × 1230mm　1/32
印　　张：8
字　　数：150千字
版　　次：2025 年 7 月第 1 版
印　　次：2025 年 7 月第 1 次印刷

定　　价：68.00 元
I S B N：978-7-5142-4696-4

◆ 如有印装质量问题，请电话联系：010-65583678

《数字经济100问》著作团队

主 著 作 者： 任群星　许少亮　陶　勇

参与著作者： 康　超　吴荣伟　陈　情　何镇文

杨惠贤　赖志朋　王欣婷　王睿智

张雁滨　王　昊

作者简介

任群星　女，高级工程师，现任福建中咨工程咨询有限公司执行董事、总经理，福建中咨规划设计研究集团有限公司董事长。从事工程咨询工作二十余年，始终坚守在业务一线，具有丰富经验。研究领域包括项目策划、产业研究、规划咨询、评估咨询、管理咨询、PPP咨询等，主持或参与完成的项目获得省部奖2项。

许少亮　男，正高级工程师，正高级经济师，注册城乡规划师，硕士生导师。现任福建中咨工程咨询有限公司总经理助理，福建中咨规划设计研究集团有限公司董事、总经理。研究领域包括项目策划、产业研究、规划研究、工程咨询、国土空间规划、工程设计、乡村振兴等课题。主持或参与完成的项目获得省部奖18项，发表专业论文16篇，取得发明专利1项。

陶勇　男，正高级工程师，注册城乡规划师，硕士生导师，博士。现任福建中咨规划设计研究集团有限公司董事、副总经理。研究领域包括项目策划、规划研究、国土空间规划、工程设计、乡村振兴等课题。主持或参与完成的项目获得省部奖48项。

内容简介

《数字经济100问》阐述了数字经济的基本概念、发展历程、核心技术、对产业的影响、创新与发展趋势，以及面临的挑战与未来展望，有助于帮助读者理解新质生产力下新兴经济形态的内涵。本书分析了数字经济的定义、核心构成要素和主要特点，以及与传统经济的区别和对传统行业的影响；探讨了数字经济如何推动社会经济增长以及数字平台经济和共享经济的运作模式，进一步深入讨论数字技术如何推动各行业的创新与发展；指出了数字经济在发展过程中面临的挑战，如数据安全、隐私保护、数字鸿沟、技术依赖等，并对未来如何应对这些挑战提出了建议。

序　言

数字经济作为引领新一轮科技革命和产业变革的核心力量，正深刻重塑全球经济格局。党的二十大报告明确提出“加快发展数字经济，促进数字经济和实体经济深度融合，打造具有国际竞争力的数字产业集群”，2025年政府工作报告提出要“激发数字经济创新活力”。当前，我国数字经济规模已突破50万亿元，成为驱动经济增长、推动社会转型的重要引擎。

福建中咨规划设计研究集团（以下简称福建中咨规划集团）适时推出《数字经济100问》，以问答的形式，系统解构数字经济的底层逻辑、技术创新、产业应用与治理范式。全书以“数据要素”“智能技术”“融合创新”为三大主线，覆盖数字产业化、产业数字化、数字化治理等核心议题。从人工智能、区块链等技术突破到工业互联网、智慧农业等场景落地，从数据安全与隐私保护挑战到全球数字治理规则博弈，百个问答层层递进，既解析“数字经济是什么”“为什么发展”，更回答“如何发展”“如何治理”。书中特别强调数字技术与实体经济的深度融合，通过特斯拉智能制造等案例，揭示数字化转型对提高全产业链效率的重要意义，同时，也直面数据安全与数字隐私等现实问题，体现研究的批判性与前瞻性。

福建中咨规划集团是中国国际工程咨询有限公司的重要成员，深耕区域规划与产业咨询领域多年，近百项成果获国家级、省部级嘉奖。本书充分彰显其“产学研用”一体化的研究特色：既依托工程咨询多学科交叉优势，对数字基础设施、算力网络等硬件布局提出系统性方案，又从人文视角关注数字技术对就业、教育、公共服务的普惠价值，形成“技术—经济—社会”三维分析框架。作为“新经济六部曲”（《海洋经济100问》《银发经济100问》《文旅经济100问》《数字经济100问》《绿色经济100问》《低空经济100问》）之一，本书延续了系列丛书“问题导向、实践落地”的编研思路，为数字中国建设提供可操作的“中咨方案”。

本书是工程咨询行业丛书中的行业通识类书籍。为进一步加大行业研究工作的宣传力度，构建工程咨询行业出版物体系，中国工程咨询协会规划了智库研究、理论指南、标准规范、行业通识、年度报告、其他等六类出版物，旨在通过一系列高质量、有特色的出版物，提升行业整体研究能力，扩大行业影响力和辐射力。

期待《数字经济100问》能成为点燃创新思考的火种，助力各界在数字技术革命中把握机遇、应对挑战，共同构建数据驱动、智能协同、包容共享的数字生态，为中国式现代化注入强劲“数字动能”。

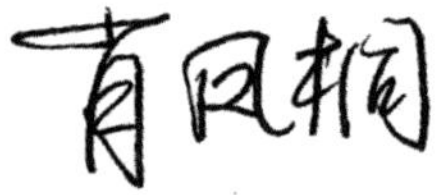

中国工程咨询协会会长

2025年6月30日

目 录

第一章

数字经济基础概念与框架

001 什么是数字经济？

数字经济是指以数字化的知识和信息为核心，运用现代信息技术特别是互联网技术推动经济社会活动的转型与创新。这一新型经济形态不仅在全球范围内加速了传统产业的转型，还催生了全新的产业和市场形态。数字经济的核心驱动力是数据的利用和技术的创新，它通过增强经济效率、创新商业模式、创造新市场需求等途径，推动着全球经济的持续发展。

数字经济的根本特征在于其依托数据与信息化的技术体系。与传统经济相比，数字经济强调的是信息的生产、加工和流通，它利用数字化工具和平台来改变传统的生产、管理、消费等环节。大数据、云计算、物联网、人工智能等技术是支撑数字经济快速发展的重要因素。通过这些技术，信息流动、资源配置和决策过程都变得更加高效和智能，极大提升了生产力和资源利用效率。

在数字经济的驱动下，传统产业和商业模式正发生深刻的变革。例如，电子商务已从最初的简单交易平台发展到如今集商品展示、支付结算、物流配送、售后服务等于一体的综合平台，成为全球零售产业的重要组成部分。随着大数据分析技术的成熟，企业能够更加精准地了解消费者的需求、行为和偏好，从而提供更加个性化的服务。与此同时，数字支付和虚拟货币等新兴支付方式的出现，也极大提升了交易的便捷性和安全性。

数字经济的本质可以归结为一个词——数据。数据是数字经济的核心资产，它的生产和流通方式决定了整个数字经济的运作模式。在数字经济时代，数据的价值不仅仅体现在它是传统生产要素，更体现在它是创新和竞争的重要源泉。企业通过收集和分析用户行为数据、市场数据、生产数据等，能够更加精准地预测市场趋势，优化产品和服务，提升竞争力。

随着人工智能和机器学习技术的发展，数据的应用进入了更深层次的阶段。人工智能通过数据训练和分析，不仅可以帮助企业提高生产效率，还能在医疗、金融、交通、教育等多个行业中实现智能化决策，甚至部分工作流程的自动化。未来，随着技术的不断进步和数据的深入挖掘，数字经济将进一步深刻影响传统行业的格局，带来更广泛的产业变革。

数字经济的另一大特点是它的全球化特征。互联网和数字平台打破了地域和时间的限制，使得全球的生产者和消费者能够更加高效地进行互动。跨国电商平台、国际支付工具、数字货币等为全球贸易提供了新的解决方案。数字经济不仅促进了全球市场的融合，还推动了各国经济的深度合作与竞争。不同国家之间的数字化水平差异，决定了其在全球数字经济中的竞争地位，而在这一过程中，技术创新和政策支持至关重要。

然而，数字经济的发展也面临诸多挑战。首先，是数据隐私和网络安全问题。在数字经济时代，个人信息、企业机密和政府数据都在互联网上流通，这就导致了数据泄露、信息盗窃等安全风险的增加。各国政府和企业必须加强数据保护和网络安全技术的投入，以确保数字经济的可持续发展。

其次数字鸿沟问题仍然存在。不同国家、地区之间以及城市和农村之间的数字化水平差距较大，这导致了部分群体无法享受到数字经济带来的红利，甚至加剧了社会的不平等。因此，推动数字技术普及，缩小数字鸿沟，成为全球面临的一个重要任务。

最后，随着数字经济的迅速发展，人工智能和自动化技术的普及可能带来劳动力市场的剧变。大量的传统岗位可能会被机器取代，劳动力市场的结构将发生重大变化。这就要求政府和企业在推动数字经济发展的同时，也要做好社会保障和再就业培训等方面的准备，确保社会的公平与稳定。

数字经济的未来前景广阔，它将继续推动全球产业链的优化和重构。未来，随着5G、量子计算等技术的进一步发展，数字经济的潜力将得到更大程度的释放。从长远来看，数字经济不仅是推动经济增长的动力源泉，更是社会发展的重要引擎。它将深刻改变人们的生产方式、生活方式以及社会结构，促进全球经济的全面、深入发展。

002 数字经济“四化”框架的具体内涵是什么？

数字经济“四化”框架，指的是数字经济发展的四个重要领域：数字产业化、产业数字化、数字化治理和数据价值化。这四个领域相互联系，共同推动着数字经济的全面发展。

（一）数字产业化

数字产业化是指将数字技术转化为产业，并形成具有经济效益的产品和服务。这一过程不仅包括数字产品的生产与消费，还涉及以信息技术为核心的技术服务业的发展。例如，数字设备、智能硬件、云计算、大数据平台、人工智能、物联网等产业，都是数字产业化的重要组成部分。通过将数字技术嵌入传统产业中，从而形成新的经济增长点。

数字产业化的发展推动了诸如互联网金融、数字媒体、电子商务、智能制造等新兴行业的崛起。这些行业不仅创造了大量的就业机会，还为社会提供了更加便捷、高效、智能的服务和产品。

（二）产业数字化

产业数字化是指将传统产业与数字技术深度融合，利用数字技术提升传统产业的生产力和竞争力。它不仅仅是对技术的引入，更是对产业链各环节的重构与优化。通过数据采集、云计算、大数据分析、物联网等手段，传统产业的运营模式、生产模式、管理方式和市场营销等方面得到了极大创新和优化。

例如，智能制造通过数字化技术改造传统制造业，提升生产效率，降低生产成本，并且使得生产过程更加灵活，能够根据市场需求的变化进行快速调整。农业的数字化应用可以通过精准农业技术提高作物产量和质量，同时减少资源浪费和环境污染。

（三）数字化治理

数字化治理指的是通过数字技术实现政府管理的现代化，提高政府服务效率、透明度和响应速度。数字化治理包括政府部门的数字化转型、数字化服务平台的建设、公共管理和社会服务的数字化优化等方面。数字化治理的核心在于利用信息化手段，提高公共服务的普及性、可获取性与精准性。

例如，智能城市的建设就是数字化治理的一个重要表现，城市管理通过大数据、云计算、物联网等技术，实现对交通、环境、能源等城市资源的实时监控与管理，来优化资源配置，提高公共服务的质量。此外，政府还可以通过电子政务平台提供便捷的服务，提高办事效率，减少行政成本。

（四）数据价值化

数据价值化是指通过对数据的采集、存储、分析和应用，创造出可转化为实际经济价值的资源。数据本身不具备直接的经济价值，必须通过有效的处理、分析和应用，才能转化为决策支持、市场预测、产品创新等方面的价值。随着大数据、云计算和人工智能的普及，数据的商业价值愈发凸显。

例如，电子商务平台通过对用户行为数据的分析，为商家提供个性化的广告投放和产品推荐服务，提升了商家的销售业绩。在金融行业，数据价值化则体现在对消费者信贷数据的分析，从而实现精准的信贷审批与风险控制。在健康医疗领域，通过对患者健康数据的分析，提供个性化的健康管理和诊疗方案，这样能够带来巨大的社会和经济价值。

（五）总结

数字经济“四化”框架通过数字产业化、产业数字化、数字化治理和数据价值化这四个方面相互联动，推动着数字经济的多元化发展。数字产业化为数字经济提供了基础设施和创新的产业平台，产业数字化则推动传统产业的现代化转型，数字化治理提高了社会管理效率和政府服务质量，数据价值化则通过数据的创新应用转化为经济价值。通过这四个领域的协同发展，数字经济的全面普及和深化正成为全球经济的重要组成部分。

003 数字经济与传统经济模式有何根本区别？

数字经济与传统经济模式之间的根本区别在于其依赖的技术基础、生产方式、资源配置、市场运作以及创新驱动力等方面的显著差异。数字经济通过数字技术的深度渗透与应用，重塑了经济的运作模式，使得信息和数据成为最重要的生产要素，创造出了新的经济形态与价值体系。而传统经济模式则更多地依赖于物质资源、劳动与资本的直接投入。

（一）技术基础的差异

传统经济模式通常依赖于物质资源和人力劳动进行生产和交换，传统的生产过程大多依赖实体机器、劳动者的技能和自然资源的采集。在这一模式下，产品的生产、分配和消费过程基本上是线性的和固定的，效率和生产力的提升往往受到物理和技术条件的限制。

与此不同，数字经济则以数字化技术为核心。它依赖信息技术、互联网、大数据、人工智能、云计算等创新技术来推动生产、管理和服务的转型。数字经济的基础设施主要包括网络平台、智能硬件、数字支付和云服务等，通过技术手段，打破了地域和时间的限制，极大地提高了资源配置效率和市场反应速度。在数字经济中，信息的传播速度、数据的处理能力和网络的连接性是其生产和交换的重要基础。

（二）生产方式的转变

在传统经济模式中，生产通常是通过直接的物理劳动和资源投入来完成的。生产过程往往受到物质资源和生产设施的限制，且生产效率和规模化程度受到较多约束。许多行业需要大量的固定资产投资来提升产量，如制造业、建筑业等。而且，传统经济往往依赖大规模的物理流通网络来进行商品和服务的分配，物理店铺和仓库的建设也成为其发展的核心部分。

数字经济则通过虚拟化、自动化和智能化的手段，使生产过程更加高效、灵活和智能。物理资源的投入并不一定是生产的核心要素，数据、信息流通和算法优化成为新的生产要素。例如，人工智能和自动化技术的应用可以替代传统的人工劳动，不仅提升生产效率，还能根据市场需求变化进行动态调整。许多传统行业通过数字化转型，能够实现更加精细化的生产管理和个性化定制，从而满足市场细分的需求。

（三）资源配置的方式

传统经济模式中的资源配置通常依赖市场机制、政府调控以及企业的资本运作。在传统经济体系中，资本、劳动力和自然资源是生产的三大基本要素，资源的流动和配置受物理空间和时间的制约。市场竞争在这种模式下主要依靠商品的生产能力、成本控制和劳动的投入来实现供需平衡。

数字经济则通过数字平台和大数据的应用，打破了资源配置的空间与时间限制，创造了一个更加高效、精准的资源配置体系。在数字经济中，信息和数据的流动成为决定资源配置效率的重要因素。平台经济、共享经济和数字货币等新型商业模式，通过信息的快速流动和数据的精细化处理，使得资源可以更加精确地配置到最需要的地方，市场的供需关系也能够更加快速响应。例如，电商平台通过精准的数据分析和消费者行为预测，可以在全球范围内调配商品资源，提高商品分配的效率和精准度。

（四）创新驱动力的不同

传统经济模式的创新主要集中在产品、技术和生产工艺的改进上，创新的周期相对较长，受限于物理设备和技术的边际效应。传统行业的创新主要依赖研发投入和技术积累，而技术的突破往往伴随着重大的资本投入和较长的开发周期。因此，传统经济模式中的创新多是渐进式的，且更多依赖劳动力、资本和技术的逐步优化。

数字经济则是建立在数据驱动和技术创新的基础上的，创新的速度和方式发生了根本变化。通过大数据分析、云计算和人工智能等技术的应用，创新变得更加实时和多元化。数字技术使得信息能够快速传递和共享，企业和个人能够在更短的时间内获取市场反馈并进行创新。这种创新不仅体现在产品和服务层面，还体现在商业模式和管理模式的革新上。例如，平台经济、共享经济、众包等商业模式的创新，极大地改变了传统企业的生产和运营方式。

（五）市场运作的差异

在传统经济模式下，市场运作往往依赖物理空间和实际商品的流通。商品交换和服务交易通常依赖面对面的交易、商店、批发市场等实体市场。交易的过程受到物理设施的制约，交易效率相对较低。此外，市场信息的获取也较为困难，往往依赖中介和代理商来完成信息的传递和交易。

而数字经济通过数字平台和互联网实现了市场的全球化和虚拟化。电商平台、数字支付、社交网络等使得消费者和供应商能够在虚拟空间内进行交易，交易的速度和便利性大大提高。通过数字平台，市场信息更加透明，消费者可以即时获取商品价格、评价、库存等信息，商家也可以通过数据分析精准把握市场趋势，从而做出快速反应。此外，数字经济还通过大数据分析帮助企业实现精准的市场定位和营销策略，提高市场运营效率。

总结：数字经济与传统经济模式的根本区别在于技术基础、生产方式、资源配置、创新驱动力和市场运作等多个方面。数字经济通过信息技术和数据驱动，极大地提高了生产效率和资源配置的精准性，同时也打破了时间和空间的限制，创造了更为灵活和高效的市场环境。与传统经济模式相比，数字经济在创新的速度、市场反应的灵活性和全球化的程度上具有显著优势，推动了全球经济向更加智能化、数字化的方向发展。

004　数字经济的关键生产要素是什么？

数字经济的关键生产要素可以归纳为四个核心领域：数据、技术、平台和人才。这些要素相互作用，共同推动了数字经济的快速发展，并深刻改变了传统经济模式的运作方式。

（一）数据：核心生产要素

在数字经济中，数据被视为最重要的生产要素之一。随着信息技术的飞速发展，数据的生产、流通和利用成为推动经济增长的核心动力。企业、政府和个人通过采集、存储、分析和应用各种数据来进行决策、创造价值和提供服务。数据的类型包括结构化数据、非结构化数据和大数据，涵盖了从消费者行为、市场趋势到企业运营、社会活动等各个领域的信息。

通过数据分析，企业能够更精准地预测市场需求、优化产品设计、改进供应链管理并提供个性化的服务。例如，电商平台通过分析用户的购买行为和浏览习惯，能够向消费者推荐定制化的商品，提升销售效率。金融领域通过大数据分析客户的信用信息，来评估贷款风险，降低金融风险。数据不仅能够帮助企业提升运营效率，还能开拓新的商业模式和市场机会，因此数据在数字经济中扮演了至关重要的角色。

（二）技术：推动发展的核心引擎

技术是数字经济不可或缺的支撑力量，尤其是信息技术的创新和应用。云计算、大数据、人工智能、物联网、区块链等技术为数字经济的发展提供了基础设施和解决方案。这些技术不仅能够提升生产效率，还能推动产业转型和创新。云计算为企业提供了灵活、低成本的计算资源，即使是中小企业也能够在没有巨额资本投入的情况下享受强大的计算能力；人工智能和机器学习则通过数据分析和自动化处理，为决策提供精准的支持，并替代传统劳动密集型的工作流程，提高了生产力。

技术的快速迭代也为数字经济带来了新的商业模式。例如，人工智能不仅在客服与推荐系统中得到应用，还广泛进入医疗、教育、金融等行业，提升了行业服务质量和运营效率。物联网则通过连接设备和系统，提升了智能制造和智慧城市建设水平。区块链技术则为数字货币、供应链管理等领域提供了去中心化、可信的技术支撑。

（三）平台：连接资源和服务的枢纽

数字经济的一个显著特点是平台化。平台作为数字经济的重要生产要素，通过提供服务、连接需求方和供给方，形成新的商业生态。平台通过利用技术和数据，打破了传统行业的壁垒，将各类资源高效整合并提供给广泛的用户群体。

例如，电商平台如亚马逊、阿里巴巴等，利用其平台联结了大量的消费者和商家，通过数据分析优化供应链和销售流程；共享经济平台如滴滴和贝壳，利用平台联结了出租车司机与乘客、房东与租客，使得闲置资源得以高效利用。这些平台通过技术创新和用户基础的积累，创造了海量的商业机会和价值。

数字平台还能够通过其庞大的用户数据为商家提供精

准的市场定位和营销策略，帮助企业实现个性化的服务与产品创新。因此，平台不仅仅是一个技术工具，还是一个创新的商业模式，它为不同的利益相关方提供了合作与交易的场所。

（四）人才：数字经济的推动者

数字经济的发展离不开高素质的人才，特别是在技术创新和数据应用方面的专业人才。技术、数据和平台都需要人来开发、维护和优化。在数字经济中，技术专家、数据科学家、人工智能工程师、产品经理、设计师等角色都发挥着至关重要的作用。

企业需要具有专业技能的人才来推动技术研发和创新，通过创新设计和产品开发推动商业模式的升级。此外，数据分析师、数据工程师等专业人才也成了数字经济时代的紧缺资源。通过数据的收集、处理和分析，专业人才能够为企业提供决策支持，帮助企业发掘潜在商机和市场需求。

数字经济的人才需求不仅限于技术领域，还涉及管理、营销、法律、政策等多个领域。数字经济的快速发展要求企业不断提升人员的技能，尤其是在数字化转型过程中，管理者需要具备对数字技术的深刻理解与应用能力，才能有效地推动企业的转型与创新。

总结：数字经济的关键生产要素包括数据、技术、平台和人才，这些要素互为依托，共同驱动着数字经济的快速发展。数据作为核心要素，通过提供决策支持和创新机会，推动了数字经济的增长；技术则为各行业提供了支撑力量，通过创新应用提升了效率并促进了产业升级；平台在联结资源和需求、推动市场运营方面发挥了重要作用；而人才则是推动技术创新和产业转型的基础，具备数字化思维和技能的人才成为数字经济发展的重要保障。随着这些要素的不断深化和创新，数字经济将在全球范围内持续改变生产、消费和社会治理的方式，推动经济的全面发展。

005　数字技术如何成为数字经济的核心驱动力？

数字技术已成为数字经济的核心驱动力，其作用深远地影响了经济结构、商业模式和市场运作方式。数字技术的广泛应用和不断创新，不仅提升了生产效率和资源配置效率，还推动了全球经济的转型升级，创造了新的增长点和商业机会。

在数字经济中，数据已经成为最重要的生产要素。数字技术通过有效地采集、存储和处理海量数据，使得信息成为重要的资源。大数据技术帮助企业从庞大的信息流中提取有价值的洞察，进而支持决策过程并优化运营。例如，电商平台通过分析消费者的购买行为和兴趣偏好，实现精准的个性化推荐，提升了销售业绩和用户体验。同样，金融机构利用数据分析来评估风险和制定个性化的金融产品，提高了服务质量并降低了操作成本。

人工智能和机器学习是推动数字经济发展的关键技术。AI不仅在数据分析和预测方面发挥了巨大作用，还通过智能化的自动化过程，提升了生产效率。制造业通过智能化生产线、机器人自动化等技术，显著提高了生产力，降低了人工成本。AI还能够实现精准的市场预测和个性化的产品定制，使企业在竞争中占据优势。此外，AI技术的快速发展在医疗、教育、交通等领域的应用也推动了这些行业的数字化转型，带来了创新的商业模式和社会价值。

数字技术的另一个重要作用在于打破了传统经济的空间和时间限制，促进了全球化进程。互联网和移动互联网技术的运用，使得企业能够在全球范围内进行资源配置和市场拓展。企业不再受限于地理位置，通过电商平台、社交媒体和数字支付，迅速进入国际市场，直接与全球消费者进行互动。跨境电商和全球供应链的建立，显著降低了市场进入的门槛，也为中小企业提供了全球化发展机会。

平台经济是数字技术创新的重要产物。通过平台技术，传统的产业和服务模式得到了颠覆。例如，滴滴和贝壳等平台通过数字化技术，将用户和服务提供者高效对接，实现了共享经济模式的成功。这些平台不仅使闲置资源得以充分利用，还创造了新的商业机会，同时提高了社会资源的配置效率。平台经济通过数字技术提供了更加灵活、透明和高效的交易和互动方式，改变了传统行业的运营模式。

数字技术的普及推动了产业的数字化转型。传统行业通过引入云计算、物联网等技术，提升了生产和运营效率。例如，在农业领域，精准农业技术通过传感器和大数据分析，使农民能够实时监控农作物生长情况，优化资源利用，增加农作物的产量。传统制造业也在数字化转型的过程中，通过物联网实现设备联网、实时监控和生产过程优化，显著提升了生产的效率和质量。

总的来说，数字技术通过数据驱动、智能化处理、平台创新以及全球资源配置等方式，成为数字经济的核心驱动力。它不仅提高了生产效率、降低了成本，还推动了新的商业模式的诞生和产业的升级。随着数字技术的不断发展，未来的数字经济将继续为全球经济注入新的动力，推动各行各业向智能化、全球化和高效化的方向发展。

006 数字经济如何通过现代信息网络实现经济社会的数字化、网络化、智能化?

数字经济通过现代信息网络的广泛应用，正在推动经济社会向数字化、网络化、智能化三个层次发展。信息技术，尤其是互联网、云计算、大数据、人工智能等技术，成为实现这一转型的关键工具。数字经济的核心价值在于利用信息网络技术打破空间和时间的限制，提升资源配置效率，推动社会生产力的全面提升。

数字化是数字经济的基础，它意味着通过信息技术将传统经济活动中的各类资源、服务和业务流程转变为数字形式。信息网络技术的普及使得数据的采集、传输和存储变得更加高效和便捷。无论是政府、企业还是个人，所有的数据都可以通过信息网络进行处理和共享，进一步推动社会各领域的数字化。例如，在制造业中，企业通过数字化技术对生产设备、工艺流程、产品信息进行数字化管理，实现了生产过程的自动化与优化，提升了生产效率和产品质量。同时，数字化使得传统行业的业务流程能够在线化、电子化，商贸活动可以在没有物理接触的情况下完成，大大提高了市场的流动性和互动性。

网络化是指在数字经济中，所有经济主体通过信息网络联结，形成一个高度互动的网络生态系统。随着互联网技术的成熟，尤其是5G技术的应用，信息和资源的传递速度和质量得到了前所未有的提升，数字经济的网络效应显著增强。网络化通过联结各个经济参与者，使得信息和资源能够快速流动，市场需求可以迅速响应，供应链可以更加精准地对接。例如，电子商务平台通过互联网将全球消费者和供应商联结起来，打破了地理限制，促进了跨境贸易和全球市场的扩展。通过大数据分析，企业能够实时获取消费者的需求变化，并进行动态调整，从而提升市场反应速度和产品创新能力。

智能化是数字经济的高级阶段，它通过人工智能、机器学习、自动化技术等，使得经济活动更加高效、智能和自适应。智能化不仅仅是自动化生产，更重要的是能够通过深度学习和算法优化，实现对复杂问题的预测和解决。在智能制造、智慧城市、智慧医疗等领域，智能化应用得到了广泛推广。在制造业中，物联网和人工智能的结合使得生产设备能够自主诊断和修复，生产流程的优化可以通过智能算法自动完成，减少了人为干预，提高了生产效率。在城市管理中，智能交通系统通过大数据分析实时优化交通流量，减少拥堵，提升城市运行效率。在医疗行业，人工智能能够帮助医生诊断疾病，分析病历数据，为患者提供个性化治疗方案，提升了医疗服务的精准度和效率。

信息网络技术的应用还促进了产业的跨界融合，推动了各个行业之间的互动和共同发展。以金融科技为例，数字支付、区块链技术、智能合约等技术正在改变传统金融行业的运营模式，使得金融服务更加智能化和便捷化。消费者可以通过智能手机完成跨境支付、理财投资等金融服务；银行也可以通过大数据分析精准地评估贷款风险，提升金融服务的质量和效率。

现代信息网络还推动了社会治理的数字化进程。政府通过电子政务平台，借助信息技术实现政府管理和服务的优化。公众可以在线办理各种行政事务，提高了办事效率，减少了社会成本。同时，通过大数据分析，政府能够实时监控社会各方面的动态，快速响应民众需求，提升社会治理的精准度和有效性。智慧城市建设通过数字技术提升城市基础设施的智能化水平，优化资源配置，提升居民生活质量。

总之，数字经济通过现代信息网络技术实现了经济社会的数字化、网络化和智能化。这一转型不仅提升了社会生产力，推动了行业创新，也为全球经济的高效协同和可持续发展提供了新的动力。随着信息技术的不断进步，数字经济将进一步加速经济社会的数字化转型，推动经济向更加智能化、网络化、全球化的方向发展。

007　数字产业化与产业数字化在数字经济中的比重如何变化？

数字产业化与产业数字化是数字经济中两个关键的概念，它们在推动经济转型和发展中扮演着重要角色。二者虽然有所不同，但在现代经济中相互交织，共同推动着社会生产力的提升和产业的变革。数字产业化指的是数字技术本身作为一个独立的产业，涉及信息技术、数字产品和服务的开发与创新；产业数字化则是指传统行业通过数字技术的应用和改造，使得生产、管理和运营等环节实现数字化转型。随着数字经济的深入发展，二者在经济中的比重和作用也在不断变化。

数字产业化最初处于数字经济的中心地位。随着互联网、人工智能、大数据等技术的快速发展，数字产业的规模不断扩大，信息技术产业成为全球经济中增长最快的领域之一。数字产业化涵盖了包括软件开发、云计算、数字支付、物联网、人工智能、大数据分析等多个子领域，构成了整个数字经济的核心基础。政府和企业在这一阶段主要关注数字技术和数字服务的创新和扩展。互联网公司和科技企业不断推动数字产品和服务的创新，如在线购物、社交平台、数字支付和云计算服务等，这些都成了数字经济的重要组成部分。

随着技术的发展和行业需求的变化，产业数字化逐渐成为数字经济的主要推动力量。传统行业，如制造业、农业、服务业等，通过数字技术的引入，开始实现生产、管理、营销等方面的数字化转型。在这个过程中，传统行业通过引入云计算、大数据、物联网等技术，不仅提升了生产效率和管理水平，还改造了原有的商业模式和运营方式。

智能制造、精准农业、智慧城市等新兴领域正是产业数字化的代表，它们通过将数字技术与传统行业深度融合，实现了产业的智能化和高效化。

在数字经济发展初期，数字产业化占据了更大的比重，因为数字技术本身的创新和发展是推动整个经济转型的根本动力。然而，随着技术的普及和应用的深入，产业数字化的重要性逐渐凸显，成为经济增长和社会进步的重要推动力。数字技术在各行各业的应用不仅带来了生产效率的提升，也推动了传统产业的深度变革，形成了一个更加智能化、网络化和高效的产业生态。

当前，数字产业化和产业数字化的比重已经逐渐发生变化，产业数字化逐步占据了更大的比重。以智能制造为例，制造业通过数字技术的引入，不仅提高了生产效率，还能够实现个性化定制和灵活生产，推动了产业链的优化与升级。智慧城市建设也在产业数字化的推动下，利用大数据、物联网和人工智能等技术改善城市治理，提高了资源利用率，提高了居民的生活质量。

尽管如此，数字产业化仍然是推动数字经济发展的重要力量，尤其是在数字产品和服务的创新领域。例如，云计算和人工智能的发展使得更多的行业和企业能够借助这些技术实现数字化转型，推动了各个行业的创新和进步。此外，数字支付、区块链等领域仍然是数字产业化的核心组成部分，它们不仅改变了传统金融行业的运作模式，还催生了新的商业模式和市场机会。

总而言之，数字产业化和产业数字化在数字经济中的比重随着技术的发展和产业需求的变化在不断调整。数字产业化依旧是数字经济的重要基础，尤其是在信息技术和数字服务的创新方面，然而产业数字化逐渐占据主导地位，成为推动传统行业转型和社会进步的关键力量。随着数字技术的进一步普及和应用，产业数字化的比重将会继续增加，数字经济的未来将更加注重通过技术应用推动各个行业的智能化和数字化转型。

008 数字化治理在数字经济中扮演什么角色？

数字化治理在数字经济中扮演着至关重要的角色，它不仅提升了政府的管理效率，还促进了社会资源的优化配置和公共服务的智能化。随着信息技术的发展，数字化治理通过大数据、云计算、人工智能等技术，推动政府管理、社会治理和经济发展向更高效、更透明和更智能化的方向发展。

数字化治理提升了政府管理的透明度与效率。传统的政府治理依赖线下行政流程，不仅处理信息和执行政策的效率较低，且容易出现信息不对称和资源浪费。通过信息技术，政府能够实时收集和处理社会、经济等各类数据，从而优化决策过程。例如，通过大数据分析，政府可以实时监测社会热点问题，精准制定政策，快速应对社会需求变化。这种数据驱动的决策方式有效提高了政府响应的速度和准确性，避免了过去决策中可能出现的盲目性和滞后性。

在公共服务方面，数字化治理通过电子政务平台将服务推向线上，减少了民众和政府间的物理接触，提高了公共服务的便捷性。公民可以在线申请各类证件、办理社会保障等事务，避免了排队等候和反复奔波的情况，节省了时间和成本。通过数字化，政府能为民众提供个性化的服务，提升了居民的幸福感和满意度。

数字化治理还促进了社会公平。通过技术手段，政府可以更精确地识别社会问题，并通过数字平台提供均等的公共服务。远程教育、远程医疗等服务使偏远地区的居民也能享受优质资源，缩小了城乡差距。在线平台让人们无论身处何地都可以获得公共服务，保证了社会资源的广泛覆盖和公正分配，避免了在传统模式下资源分配的不均衡。

数字化治理提供了智能化的社会治理模式。随着人工智能和物联网技术的应用，城市管理越来越智能化，交通、环境、能源等领域都能通过传感器和数据分析进行实时监控和管理。智慧城市通过数字化技术改善了城市基础设施管理，提升了城市的运营效率。交通管理系统通过大数据分析调整信号灯，减少拥堵；垃圾分类、公共卫生等方面也通过智能化手段提升了管理效率。

通过数字化治理，政府能够更好地进行社会预测和风险管理。在疫情防控、自然灾害预警、公共安全等领域，数字技术帮助政府迅速获取信息、分析形势并制定应对措施。政府能够通过数字化技术预测社会动向，及时做出政策调整，有效防范潜在风险，提升了公共管理的应变能力。

总之，数字化治理在数字经济中扮演着促进社会进步、提升治理效率和保障社会公平的重要角色。它使得政府在提供服务、管理资源、解决社会问题方面更加高效和精准，推动了政府职能的转型和现代化。随着技术的进一步发展，数字化治理将继续为社会带来更多的智能化服务和更优质的管理模式，成为数字经济不可或缺的一部分。

009　数字经济如何通过数字技术与实体经济深度融合？

数字经济通过数字技术与实体经济深度融合，推动了传统产业的转型升级，提升了生产效率，创造了新的商业模式。数字技术在各个行业的广泛应用使得生产、管理、销售等各环节得以数字化、智能化，从而优化资源配置，提升产业竞争力。

在制造业中，数字技术使得智能制造成为可能。物联网和大数据分析帮助企业实时监控生产过程，优化生产计划和设备维护，降低停机时间，提高生产效率。人工智能和机器学习则使得生产线能够自主调整，适应市场需求的变化，实现灵活生产。此外，数字化设计和虚拟现实技术的应用也推动了产品研发的创新，减少了产品开发周期和成本。

农业领域应用数字技术，实现了精准农业。传感器和无人机收集土壤、气候、作物生长等数据，结合大数据分析，农民可以更精准地进行施肥、灌溉和病虫害防治，提升农业生产效益，减少资源浪费。数字技术还促进了农业供应链的优化，通过区块链等技术提高了食品安全和追溯性。

零售行业通过电商平台和数字支付技术的融合，打破了地域限制，促进了全球贸易。消费者可以通过互联网购买商品，商家则利用大数据分析消费者的购买行为，进行精准营销，提升销售效率。数字技术还使得个性化定制成为可能，企业能够根据消费者的需求进行定制化生产和服务。

数字经济通过与实体经济的深度融合，不仅提升了传统行业的生产力，还催生了新的经济形式，推动了整个社会向更加智能化、高效化的方向发展。

010 产业数字化的典型应用场景有哪些？

产业数字化是通过数字技术的应用，推动传统产业转型升级，优化生产、管理和服务等各个环节。随着大数据、云计算、人工智能、物联网等技术的不断发展，产业数字化的应用场景越来越广泛，涵盖了制造业、农业、零售业、金融业、交通业等多个行业。以下是一些产业数字化的典型应用场景。

在制造业中，智能制造是产业数字化的重要代表。通过物联网技术，设备、机器和产品在生产过程中可以实现实时数据采集与传输，帮助企业进行远程监控、预防性维护和生产调度优化。大数据分析帮助企业预测设备故障，减少生产停机时间，提高生产效率。此外，人工智能的应用使得生产过程更加智能化，机器能够根据市场需求变化自动调整生产计划，甚至进行自主决策。通过数字化技术，制造业能够实现定制化生产，以适应小批量、多品种的生产需求，从而提高产品的市场竞争力。

在农业领域，数字化的应用场景主要集中在精准农业和农业物联网。通过传感器、无人机和卫星技术，农民能够实时监测土壤湿度、气候变化、作物生长等信息，借助大数据和云计算技术分析这些数据，从而制订精准的灌溉、施肥和病虫害防治计划。这样，不仅提高了农业生产效率，还降低了资源浪费，减少了对环境的负面影响。农业供应链也在数字化中得到了优化，区块链技术用于确保食品的追溯性和安全性，增加了消费者的信任度。

数字化技术在零售行业的应用也日益普及。通过电子商务平台，消费者可以轻松购买到全球范围内的商品，打破了传统零售业的地域限制。数字支付、智能推荐、虚拟试衣间等技术提升了消费者的购物体验。大数据分析使得商家能够根据消费者的购买行为、兴趣偏好等数据，制定精准的营销策略，优化库存管理。此外，物联网技术帮助商家实时监控库存和商品流动，提高了库存管理效率，降低了运营成本。数字化还推动了“无接触”购物和配送的兴起，如自动化仓库和无人机配送等技术的应用。

金融行业的数字化应用主要体现在金融科技领域。数字化支付、区块链、人工智能和大数据分析的结合，使得金融服务更加便捷、高效、安全。数字支付已经成为主流支付方式，消费者可以通过手机完成线上支付、转账、投资等金融活动。人工智能在金融行业的应用主要体现在风险控制、智能投顾和自动化客服等方面。大数据分析使得金融机构能够更加精准地评估客户信用、定制个性化金融产品，提升了金融服务的效率与普及率。

在交通领域，智慧交通系统是产业数字化的典型应用。通过物联网、传感器、大数据分析等技术，交通管理部门能够实时监控交通流量、路况信息，并根据数据分析优化交通信号、道路规划和交通管理。智能交通系统能够提前预警交通拥堵、事故等情况，帮助城市实现交通流畅和减少碳排放。此外，自动驾驶技术的应用也是交通数字化的重要体现，自动驾驶汽车通过实时数据采集和AI算法，能够自主决策行驶路线、避开障碍物，提高行车的安全性和效率。

能源行业的数字化应用也得到了广泛关注。通过数字化技术，能源公司能够实现智能电网管理。通过传感器和大数据分析，电力公司能够实时监测能源的生产、传输和消费情况，优化能源的分配和使用，减少能源浪费。智能电表的使用让消费者可以实时监控自己的用电情况，调整能源使用习惯，从而降低电费开支和能源消耗。物联网技术和云平台的结合，还使得可再生能源（如太阳能、风能）的利用更加高效，促进了绿色能源的发展。

在医疗领域，数字化的应用场景主要体现在智能医疗、远程诊疗和健康管理等方面。通过电子病历、云平台和物联网技术，医院能够实时管理患者信息，进行疾病诊断和治疗过程的精准跟踪。人工智能在医学影像诊断中的应用，能够帮助医生更加高效精准地识别疾病，并提供治疗建议。远程医疗技术让偏远地区的患者能够通过互联网与医生进行远程咨询，减少了就医的难度。同时，个人健康管理应用程序（如智能手环、健康监测设备等）通过实时数据监测和分析，帮助个人进行健康管理和预防疾病。

数字化治理是政府部门在数字经济中进行智能化管理的重要应用场景。通过大数据和云计算，政府能够实时监测和分析社会各项事务，做出及时反应。智慧城市建设是数字化治理的一大典型应用，利用物联网技术进行交通、能源、环境等城市资源的实时管理，提升城市的运营效率。数字化政府服务平台提供便捷的在线政务服务，优化了政府资源的配置，并提升了公共服务的效率。

总而言之，产业数字化在各行各业中的应用场景不断丰富，推动了生产效率的提升、成本的降低以及市场竞争力的增强。随着数字技术的不断发展和普及，未来的产业数字化将进一步扩展，深刻改变经济结构，推动社会的全面智能化与数字化转型。

第二章

中国数字经济发展现状

011　2024年中国数字经济规模及增长情况如何?

根据中华人民共和国中央人民政府网发布的《2024年数字产业运行情况》报告，2024年中国数字经济规模持续增长，整体运行平稳，产业结构持续优化，为经济高质量发展提供了有力支撑。

（一）数字经济规模与增长

2024年，中国数字产业完成业务收入35万亿元，同比增长5.5%。其中，制造业和服务业部分分别增长3.8%和8.0%，占比分别为59.6%和40.4%。

（二）产业结构与区域分布

东部地区数字产业收入同比增长6.5%，占全国比重的73.6%。广东、江苏、北京、浙江、上海、山东、四川、福建、安徽和湖北等数字产业收入规模前10大省份占全国数字产业比重的81.5%，对全国数字产业收入增长贡献率达99.5%。

（三）数字基础设施建设

截至2024年末，全国光缆线路总长度达7288万公里，累计建成5G基站425.1万个，具备千兆服务能力的10G PON端口达2820万个，建成千兆城市207个，实现县县通千兆、乡乡通5G，90%以上行政村实现5G网络覆盖。

（四）行业发展与创新

2024年，电子信息制造业全面回升，规模以上计算机、通信和其他电子设备制造业增加值增长11.8%。在人工智能、云平台等新兴业务拉动下，软件业完成业务收入13.7万亿元，同比增长10%。

总体而言，2024年中国数字经济规模稳步增长，产业结构持续优化，创新能力进一步增强，为经济高质量发展提供了有力支撑。

012　中国数字经济在国民经济中的地位和作用如何？

中国的数字经济在国民经济中的地位和作用日益突出，已经成为推动经济增长、产业升级和社会发展的重要引擎。随着信息技术的快速发展，数字经济不仅提升了传统产业的竞争力，还催生了新兴产业，推动了经济结构的优化和转型。

数字经济已经成为中国经济增长的新动能。在过去十年中，中国数字经济的规模持续扩大，成为全球数字经济的重要组成部分。根据中国政府的统计数据，2023年中国数字经济的规模达到53.9万亿元人民币，占GDP比重为42.8%，数字经济的持续壮大不仅推动了国内生产总值的增长，还促进了就业和社会福利的提升。数字经济通过大数据、云计算、人工智能、物联网等技术的应用，打破了传统经济发展中的空间和时间限制，提升了资源配置的效率，推动了经济的高质量发展。

在产业层面，数字经济推动了传统产业的数字化转型，提升了生产效率和创新能力。制造业通过引入数字技术，发展智能制造，降低了生产成本，提高了产品的质量以及市场响应速度。传统服务业通过数字化手段改善服务体验，提高了服务的可及性和便捷性。数字技术在农业中的应用促进了精准农业的发展，提升了农业生产效率并减少了资源浪费。随着技术的不断创新，数字经济正在逐步渗透到各个传统行业，推动它们从生产方式到运营模式的全面升级。

数字经济也成为推动社会治理现代化的重要力量。通过大数据分析和人工智能技术，政府能够更精准地制定政策，优化资源配置，并实现智能化公共服务。数字化治理提升了政府服务的效率和透明度，减少了行政成本。智慧城市建设在交通、能源、环保等领域的应用，提升了城市管理的智能化和自动化水平，改善了居民的生活质量。数字化治理的推进，增强了政府对社会问题的应对能力，也促进了社会的和谐与稳定。

与此同时，数字经济为中国的国际贸易和全球经济竞争提供了新的机会。通过跨境电商平台，数字经济打破了地域的限制，促进了中国商品和服务的出口。中国在数字支付、物流、供应链管理等领域的创新应用，提升了全球市场的竞争力，推动了全球经济的互联互通。此外，数字货币和区块链技术的应用也为国际支付和金融交易提供了更为高效、安全的解决方案，增强了中国在全球金融体系中的话语权。

在就业方面，数字经济的快速发展为劳动力市场创造了大量新的就业机会。随着数字产业和互联网行业的蓬勃发展，相关领域的人才需求激增，特别是在软件开发、数据分析、人工智能、数字营销等行业。同时，数字经济促进了灵活就业和共享经济的兴起，为劳动者提供了更多样化的就业选择和工作形式。然而，数字经济的快速发展也带来了技能需求的变化，这要求劳动者不断提升技能以适应新的工作环境。

总的来说，数字经济在中国国民经济中的地位和作用越来越重要，它不仅促进了经济的增长和产业的升级，还在社会治理、国际贸易、就业等方面发挥了积极作用。随着数字技术的不断进步，数字经济在未来将进一步加速经济转型，推动中国经济从高速增长向高质量发展转变，并在全球经济竞争中占据更加重要的位置。

013 中国数字经济的内部结构有何特点？

中国数字经济的内部结构呈现出多层次、多领域的特点，涵盖了数字产业、数字技术的应用以及数字化转型的广泛领域。随着信息技术的不断进步和普及，数字经济在国内经济中逐渐形成了一个成熟的结构，具有高度的融合性、创新性和包容性。

在数字产业的组成方面，数字经济的核心产业包括互联网服务、电信行业、数字支付、数字内容产业、电子商务、人工智能、大数据、云计算、区块链、物联网等。这些产业作为数字经济的基础，不仅直接推动了经济增长，还为其他行业的数字化转型提供了技术和服务支持。例如，互联网服务和电信行业通过基础设施建设为数字经济提供了强大的网络支撑，而云计算和大数据则为各行业提供了技术平台和数据支持，促进了业务的数字化发展。

在服务领域，数字经济的内部结构呈现出服务化和平台化的趋势。平台经济是中国数字经济的重要特征之一，代表性企业如阿里巴巴、腾讯、京东等，通过数字平台连接了大量的消费者、供应商和服务提供者。这些平台通过数字化手段优化了传统产业的运作模式，推动了商业模式的创新。电商平台不仅改变了零售行业的传统销售模式，还通过数字支付、物流管理等技术，提升了商品流通效率，降低了交易成本。此外，数字支付和金融科技的应用，尤其是支付宝和微信支付的普及，使得数字经济的发展进一步向零售、金融等行业延伸。

制造业的数字化转型是中国数字经济的重要组成部分，推动了智能制造和工业互联网的发展。中国在制造业中广泛应用物联网、大数据、云计算等技术，促进了生产流程的自动化、智能化和个性化。数字化技术不仅提高了生产效率和产品质量，还加速了生产方式的变革，使得中国制造业从传统的劳动密集型向智能化、数字化、绿色化方向转型。通过数字化，制造业能够实时获取生产数据，进行精细化管理，减少浪费，提高资源利用率。

农业领域的数字化转型同样具有独特的特点。精准农业利用大数据、物联网、无人机等技术，提升了农业生产的效率和精度。通过数字技术，农民可以实时监控土壤、作物和气候等数据，实现智能化灌溉、施肥和病虫害防治，从而提高农产品的产量和质量，减少资源浪费。农业的数字化转型不仅提升了生产效率，还推动了农产品的供应链优化，改善了农业的生产方式。

中国数字经济的另一个重要特点是其创新能力的持续提升。数字技术不断催生新的商业模式和产业形态，推动了社会各领域的创新。从共享经济到智能物流，从数字货币到区块链技术，数字经济正在以前所未有的速度改变着各行各业。互联网企业的创新能力和市场适应性使得数字经济能够快速渗透到各个行业，推动产业结构的优化升级。尤其是人工智能、大数据、物联网等技术的发展，正不断突破行业应用的边界，推动了产业的深度融合。

此外，数字经济的内部结构还表现出较强的包容性。数字经济不仅推动了传统行业的转型升级，还为新兴行业提供了成长的土壤。中国的数字经济政策支持体系不断完善，政府出台的各种政策措施为企业提供了创新和发展的良好环境。这些政策在一定程度上加速了数字经济产业的集聚发展，推动了技术创新、资源整合和行业整合。

总的来说，中国数字经济的内部结构具有高度的层次性和复杂性，各个领域和产业的融合促进了经济的多元化和创新性。数字产业的蓬勃发展为各行业的数字化转型提供了支撑，而数字技术的深度应用则推动了生产力的提升和社会治理的创新。随着数字技术的不断进步，中国数字经济将进一步丰富其内部结构，推动经济各个领域的高质量发展。

014　中国数字经济发展的主要驱动力是什么？

中国数字经济发展的主要驱动力可以归结为技术创新、政策支持、市场需求和基础设施建设几个方面。

技术创新是数字经济发展的核心驱动力之一。中国在人工智能、大数据、云计算、物联网等领域的技术进步推动了各行业的数字化转型。这些技术的不断发展使得传统产业能够实现智能化、自动化，提升了生产效率和资源配置的效率。特别是在人工智能和大数据分析的应用中，企业能够通过精准的市场预测、个性化的服务推荐等手段提高竞争力，推动了数字经济的快速发展。

政策支持是推动数字经济发展的重要因素。中国政府在近年来出台了一系列政策措施，支持数字经济的发展。例如，出台《数字经济发展战略纲要》等文件，明确了数字经济在国民经济中的重要地位和未来发展方向。同时，政府还通过财政补贴、税收优惠等手段，鼓励企业加大在数字技术方面的投资，推动传统产业的数字化转型。此外，政府还加大对数字基础设施建设的投资，推动了5G网络、数据中心等基础设施的快速部署，为数字经济的发展提供了坚实的基础。

市场需求的变化是推动数字经济发展的重要驱动力。随着消费者对数字化产品和服务需求的增加，电子商务、移动支付、共享经济等新兴行业得到了迅速发展。中国庞大的互联网用户群体以及快速发展的移动互联网为数字经济提供了巨大的市场空间。消费者对便捷、个性化、智能化的需求推动了数字产品和服务的创新，带动了互联网企业的快速崛起。与此同时，数字经济的发展也促进了线上线下融合的新商业模式，为企业创造了新的盈利机会。

基础设施建设为数字经济提供了物理支持。中国在互联网、通信、数据中心等基础设施领域的持续投资为数字经济的蓬勃发展提供了强有力的支撑。随着5G网络的普及，物联网设备的广泛应用，数字经济的触角深入各个行业，推动了数字技术与传统行业的深度融合。数字支付、物流体系、云计算平台等基础设施的完善也促进了数字经济的健康发展。

综上所述，技术创新、政策支持、市场需求和基础设施建设共同构成了中国数字经济发展的主要驱动力。随着各方面力量的协同作用，数字经济将在未来继续发挥关键作用，推动中国经济向更加智能化、高效化的方向发展。

015　中国数字经济发展的优势和劣势有哪些？

（一）优势

中国数字经济的最大优势之一是庞大的市场规模。中国拥有全球最多的互联网用户和移动支付用户，这为数字经济的发展提供了庞大的消费基础。无论是电商、数字支付还是社交平台，庞大的用户基数为数字经济企业提供了广阔的市场空间。此外，随着5G、人工智能、大数据等技术的快速发展，数字化服务和产品的需求持续增长，进一步推动了数字经济的壮大。

另一个优势是强大的技术创新能力。中国在人工智能、云计算、大数据、物联网等领域取得了重要突破，尤其是在人工智能和大数据分析的应用方面，已经成为全球的领先者之一。这些技术的快速发展为传统产业提供了数字化转型的动力，推动了智能制造、智慧城市、精准农业等多个领域的数字化进程。中国的技术创新不仅体现在科研和技术开发上，还体现在商业化应用和产业链整合上，从而促进了数字经济的跨界融合。

此外，政策支持也是中国数字经济的重要优势。政府通过一系列政策措施，为数字经济的发展提供了强大的支持。例如，国家出台了数字经济发展规划，加大了基础设施建设的投入，推动了5G网络的部署和数据中心的建设，同时也通过财政补贴、税收优惠等手段鼓励企业创新。这些政策措施帮助企业降低了技术创新的门槛，提升了行业的整体竞争力。

（二）劣势和挑战

首先，数字经济的快速发展伴随着数据安全和隐私保护的隐患。随着大量个人信息、企业数据的在线流通，数据泄露、网络安全事件时有发生，给用户和企业带来了风险。虽然中国政府已加强对数据隐私保护的立法，但数据安全问题仍然是数字经济发展的一个重要挑战。

其次，尽管中国在数字技术上取得了显著进展，但技术创新和产业应用的差距仍然存在。虽然中国在某些领域如电商和移动支付方面领先全球，但在一些核心技术，如高端芯片、操作系统等方面的自主研发能力仍然不足。需要依赖外部技术的瓶颈限制了中国在全球科技竞争中的话语权和技术独立性。

最后，数字鸿沟和数字人才短缺问题也制约了中国数字经济的进一步发展。尽管大部分城市和地区的数字化水平较高，但在部分农村和偏远地区，互联网基础设施和数字技术的普及程度仍然较低，造成了数字经济发展的不平衡。随着数字经济的蓬勃发展，数字化人才的供需矛盾日益突出，行业对高端技术人才的需求巨大，但人才的培养和储备尚未完全跟上产业发展的步伐。

综上所述，中国数字经济的发展优势体现在庞大的市场规模、技术创新能力和政策支持等方面，但也面临数据安全、技术依赖、数字鸿沟和人才短缺等挑战。如何在解决这些问题的同时保持优势，将决定中国数字经济能否持续健康发展。

016 如何推动中国数字经济高质量发展?

推动中国数字经济高质量发展的关键在于创新驱动、政策引导、技术突破与产业融合的有机结合。中国在数字经济发展过程中已取得显著成就，但要实现高质量发展，还需要进一步优化结构、提升效率，并通过创新推动可持续增长。

增强创新驱动是提升数字经济质量的首要任务。要加大科技创新投入，突破核心技术瓶颈，特别是在人工智能、大数据、5G、量子计算、芯片制造等领域，减少对外部技术的依赖。加强基础研究与应用技术的结合，推动从技术研发到实际应用的转化，使创新成为推动产业升级和社会发展的源动力。同时，要推动数字技术在传统行业中的深度应用，促进智能制造、智慧农业、数字医疗等领域的快速发展。

优化产业结构是推动数字经济高质量发展的关键。数字经济的发展不仅要注重规模扩张，更要注重质量提升。通过推进产业数字化转型，提升传统产业的生产效率和智能化水平，推动数字技术与传统产业的融合，提升产业的附加值和核心竞争力。鼓励更多行业通过数字技术实现个性化定制、灵活生产以及绿色低碳发展，提升资源利用效率，减少环境负担，推动经济向高质量、可持续发展转型。

数字基础设施的建设也至关重要。尽管中国在数字基础设施领域已取得较大进展，但仍须进一步完善，尤其是在偏远地区和农村地区的基础设施建设上。要加速5G网络的建设与普及，提高网络的覆盖面和带宽，推动云计算和大数据中心的布局，增强数据流动性与计算能力，为数字经济提供坚实的基础设施支撑。

政策支持和法律保障是数字经济高质量发展的必要保障。政府应进一步完善数字经济相关的法律法规，加强数据隐私保护与网络安全监管，确保个人和企业的数据安全。在政策层面，要优化数字经济生态环境，促进数字技术与实体经济的融合，为企业提供政策扶持、技术引导和资金支持，激励更多创新和创业活动的开展。

推动数字人才的培养与引进也是关键。随着数字经济的发展，相关技术领域对高端人才的需求愈加迫切。要加强数字技术教育培训，提升全社会的数字素养，培养更多高水平的技术人才与管理人才。此外，政策应加大对数字人才的引进与激励，形成数字技术创新和应用的强大人才支撑。

综上所述，推动中国数字经济高质量发展需要依靠创新驱动、产业融合、基础设施建设、政策支持和人才培养等多方面的共同努力。通过提升技术水平、优化产业结构、完善法律法规和加强人才支撑，数字经济才能够实现可持续和高效的增长，推动中国经济从数量扩张向质量提升转型。

第三章

数字经济环境与社会环境

017　数字经济与宏观经济现状之间的关系如何？

数字经济与宏观经济现状之间存在密切的互动关系，数字经济不仅为宏观经济增长提供了新动力，也影响着经济结构的优化与调整。随着技术的进步，数字经济已成为推动经济转型、提升生产力和创新能力的关键力量，同时也在一定程度上改变了传统宏观经济运行的模式和机制。

数字经济为宏观经济带来了新的增长点。在全球经济增速放缓的背景下，数字经济成为许多国家，特别是中国经济增长的重要驱动力。数字经济通过推动信息技术、互联网、人工智能等领域的创新，为各行业提供了新的发展机遇。中国的数字经济在近年来持续增长，已成为经济结构的重要组成部分，并为GDP增长注入了新的活力。数字产业，如电商、数字支付、云计算、大数据、人工智能等，已成为拉动中国经济增长的重要力量。

数字经济与宏观经济的关系还体现在促进产业升级与结构调整上。数字经济加速了传统产业的数字化转型，使得各行各业提升了生产效率、降低了成本，并推动了产业的智能化发展。数字技术与传统产业的深度融合，不仅提高了传统产业的核心竞争力，还催生了新兴产业，推动经济从传统制造业向服务、信息和高技术产业转型。这种产业结构的变化，符合宏观经济高质量发展的方向，有助于推动经济向更加智能化、创新驱动的方向发展。

此外，数字经济对就业市场、消费模式和社会发展也带来了深远影响。数字化平台和共享经济为就业市场提供了更多灵活就业机会，同时也促进了劳动力的再配置。数字支付、电子商务的普及改变了消费者的购物方式，促进了消费升级。数字经济的蓬勃发展，还推动了社会资源的优化配置，提升了公共服务的质量和效率，改善了民生。

然而，数字经济的快速发展也给宏观经济带来了一些挑战。数字鸿沟的存在使得城乡、地区之间的发展不均衡，部分群体可能在数字经济的红利中受益较少。数据安全和隐私问题也成为数字经济发展的瓶颈，过度依赖数字技术可能带来网络安全风险，影响经济稳定运行。此外，数字经济的某些特征，如互联网企业的全球化运作，也可能对传统经济模式和政策产生新的挑战，政府需要对数字经济相关的法律法规进行进一步完善，以确保经济的健康发展。

总而言之，数字经济与宏观经济现状是相互促进的关系。数字经济通过创新驱动经济增长，推动产业升级，并对就业、消费、社会管理等方面产生深远影响。然而，随着数字经济的进一步发展，如何解决相关问题，优化资源配置，确保经济的可持续发展，仍然是宏观经济政策面临的重要任务。

018　数字经济如何影响中国经济？

数字经济对中国经济及增长情况产生了深远的影响。随着信息技术的不断进步，数字经济已成为中国经济的重要组成部分，为经济增长提供了新的动能。数字经济的快速发展推动了生产力的提升，优化了资源配置，推动了经济结构的转型与升级。

数字经济的一个显著作用是通过促进产业数字化转型提升了传统产业的生产效率。传统产业通过数字技术的引入，如大数据、云计算、物联网等，优化了生产过程、提高了产品质量并降低了运营成本。制造业的智能化转型使得生产更加高效，产品定制化程度提高，满足了市场多样化需求，这一切都直接促进了GDP的增长。

此外，数字经济催生了新的经济增长点，尤其是在电子商务、数字支付、共享经济和数字服务等领域。中国的电商行业快速发展，推动了消费需求的增加，尤其是在疫情期间，线上购物逐渐成为消费者的主要选择，促进了内需增长。数字支付的普及使得金融服务更加便捷，激发了消费者和企业的消费活力。这些新兴产业不仅提升了经济总量，还促进了就业，推动了国内市场的繁荣。

数字经济还通过提升生产效率和社会管理的智能化，为经济高质量增长提供了支撑。智慧城市、智能交通、数字医疗等应用促进了社会资源的优化配置，降低了社会运行成本，提升了城市的可持续发展能力。数字经济为政府提供了更精准的决策工具，帮助政策制定者根据大数据分析调整经济政策，从而推动经济健康有序发展。

总的来说，数字经济通过技术创新和产业升级，推动了中国GDP的增长，并促进了中国经济向更加智能化、服务化、创新驱动的方向转型。随着数字经济的不断深入发展，它在未来将继续成为推动中国经济增长的重要力量。

019 中国三大产业结构如何影响数字经济发展?

中国三大产业结构对数字经济的发展起着重要影响。随着经济转型和数字化进程的推进，三大产业的变化为数字经济提供了发展空间和动力，同时也推动了数字技术在各个产业中的应用与融合。

第一产业，即农业，是数字经济发展的基础之一。随着数字技术的普及和农业的现代化，数字经济在农业中的应用逐渐深入。通过物联网、大数据和人工智能等技术，精准农业已成为推动农业升级的重要手段。农民可以利用数字技术实时监测土壤、气候和作物生长情况，优化农业生产，提升产量和质量。农业数字化不仅提高了生产效率，还改善了资源配置，推动了农业从传统的劳动密集型向技术密集型转变，促进了农业产业链的延伸和创新。

第二产业，即制造业，是中国数字经济发展的核心领域之一。随着“智能制造”成为产业升级的重要方向，数字技术在制造业中的应用正在深刻改变生产模式。通过物联网、云计算和大数据，制造业能够实现智能化生产，提升生产效率、降低成本，并推动定制化和柔性化生产模式的实现。中国制造业的数字化转型不仅增强了全球竞争力，还催生了新的商业模式和产业形态，例如数字化供应链和智慧工厂等。制造业的数字化进一步推动了产业结构的优化升级，为数字经济注入了强劲动力。

第三产业，即服务业，尤其是金融、零售、教育、医疗等领域，是数字经济快速发展的关键推动力。随着互联网技术的普及，数字支付、电商平台、在线教育和远程医疗等新兴服务形式迅速兴起，推动了服务业的全面数字化转型。尤其是金融科技的快速发展，数字支付、区块链和大数据分析正在重塑传统金融业。同时，数字技术还推动了服务业的个性化定制，消费者可以通过数字平台享受更加精准和灵活的服务，促进了消费升级。

总的来说，中国三大产业结构的变化为数字经济的发展提供了广阔的应用场景和动力源。农业的数字化提升了生产力，制造业的智能化推动了产业升级，服务业的数字化带来了创新的商业模式和市场需求。三次产业的融合与升级为数字经济的持续发展奠定了坚实的基础。

020 工业经济增长如何推动数字经济发展？

工业经济的增长对数字经济的发展具有重要推动作用。随着工业经济的不断增长和产业结构的转型，数字经济得到了更广泛的应用，有了更大的发展空间，尤其是在智能制造、工业互联网和大数据分析等领域，数字技术成为提升工业经济竞争力和创新能力的重要工具。

工业经济的增长推动了数字技术的广泛应用，尤其是在制造业中。随着工业化进程的推进，传统制造业面临着效率、成本和市场需求变化的挑战。数字技术的引入，尤其是物联网、云计算、人工智能等技术，使得生产过程更加智能化、自动化。智能制造和工业互联网的发展使得企业能够通过实时数据监控、预测分析和远程操作优化生产流程，减少浪费，提高生产效率。这种转型不仅降低了生产成本，也提升了产品质量和市场响应速度，为数字经济的增长提供了动力。

同时，工业经济的快速发展促使了数字化技术在供应链、物流和管理中的应用，进一步推动了数字经济的拓展。

数字化技术能够帮助企业实现供应链的实时监控和优化，确保物资流通更加高效，减少库存积压，并缩短交货周期。通过大数据分析，企业可以更精准地预测市场需求，调整生产计划，从而提高运营效率。这些数字化应用提升了工业企业的竞争力，也促进了数字经济相关产业的成长。

工业经济的增长还推动了新兴产业的崛起，尤其是与数字经济紧密相关的领域。例如，数字技术在制造业中的应用催生了机器人、智能硬件和大数据服务等新兴产业。这些产业不仅创造了新的就业机会，也推动了数字经济的多元化发展。与此同时，数字技术的普及也推动了传统产业的转型和升级，进一步促进了经济结构的优化和创新。

总而言之，工业经济的增长为数字经济的发展提供了技术应用的基础和市场需求的空间。数字技术通过提升生产力、优化产业链和催生新兴产业，加速了工业经济向数字化、智能化的转型，进而推动了数字经济的持续增长和扩展。

021　固定资产投资对数字经济基础设施建设有何作用？

固定资产投资对数字经济基础设施建设起着至关重要的作用。随着数字经济的快速发展，数字基础设施成为支撑整个经济体系高效运作的核心要素。固定资产投资，尤其是政府和企业对数字基础设施的投入，能够为数字经济提供必要的物理支撑，推动技术创新和产业升级。

固定资产投资在数字基础设施建设中的作用首先体现在网络设施的完善上。5G网络、宽带互联网、数据中心等基础设施的建设，需要大量的资本投入。随着固定资产投资的增加，网络基础设施的覆盖范围进一步得到扩展，带宽和网络速度得到了提升，这为云计算、大数据、人工智能等数字技术的应用提供了基础支持。尤其是在农村和偏远地区，通过固定资产投资，数字基础设施的普及使得这些地区也能享受到数字经济带来的红利，促进了数字化的区域平衡发展。

在数字支付和金融科技领域，固定资产投资同样发挥着重要作用。金融机构通过大量投资建设数字支付平台、智能金融系统和区块链技术等，不仅提升了金融服务的效率和安全性，还推动了金融科技的发展。固定资产的投资能够为金融体系提供更加高效的数字平台，促进金融服务的普及，尤其是在农村和小微企业的金融支持方面，推动了数字经济的进一步发展。

此外，固定资产投资对创新型企业的培育也具有重要作用。通过对数字化生产设备、智能制造和物联网技术等领域的投资，企业能够提升生产效率，降低运营成本。这些基础设施的建设不仅提高了企业的竞争力，还推动了数字经济新兴行业的发展，如智能制造、无人驾驶、虚拟现实等。

总的来说，固定资产投资是数字经济基础设施建设的重要驱动力。对网络设施、数字支付平台、智能制造和创新技术的投资，不仅增强了数字经济的竞争力，还为技术创新提供了物理基础，推动了数字经济的持续健康发展。

022　国际机构对中国经济增长的预测如何影响数字经济发展预期？

国际机构对中国经济增长的预测直接影响了数字经济的发展预期。随着全球经济形势的变化，国际机构通过对中国经济增长的预判，帮助投资者、企业和政策制定者调整战略，进而影响数字经济的投资和发展方向。

中国经济增长预期的上升通常会增强市场对数字经济的信心，吸引更多资金投入数字技术和数字基础设施建设。例如，当国际机构预测中国经济将继续增长时，通常会预示着消费需求、产业升级和技术创新的持续推动，这为数字经济提供了强有力的市场基础。企业在预期经济增长的背景下，往往会加大在大数据、人工智能、云计算等领域的投资，推动这些技术的广泛应用。此外，政策制定者也可能根据经济增长预测，出台更加支持数字经济的政策，进一步促进数字产业的繁荣。

反之，国际机构对中国经济增速的下调可能会导致对数字经济的预期趋于谨慎。在这种情况下，投资者可能会减少对新兴数字行业的投资，关注更为稳健的产业领域。这可能对数字经济的发展带来一定压力，尤其是在技术研发和市场扩展方面，可能会出现资金短缺或投资放缓的情况。此外，经济增速放缓也可能导致消费需求下降，进而影响数字产品和服务的市场需求。

国际机构的预测还会影响中国与全球其他国家的数字经济互动。经济增长预期的调整可能影响跨国企业对中国市场的投资决策，尤其是在数字化转型和跨境电商等领域。

总的来说，国际机构对中国经济增长的预测通过影响市场信心、政策支持和投资决策，间接决定了数字经济的发展速度和方向。在全球化和数字化深入发展的背景下，国际机构的经济预测无疑对中国数字经济的未来走势产生重要影响。

023 数字经济如何影响人口环境及网民数量？

数字经济对人口环境及网民数量的影响深刻且多维。随着数字技术的普及和应用，数字经济不仅推动了社会结构的变化，还促进了人们生活方式、工作方式以及信息获取方式的转变，从而间接影响了人口的分布和网民的增长。

数字经济促进了区域间人口流动和城乡差距的缩小。在传统经济模式下，经济活动往往集中在大城市和沿海地区，导致大量人口向城市聚集，形成了城乡二元化的格局。然而，随着数字经济的快速发展，尤其是互联网、远程办公和电子商务的兴起，许多原本依赖实体经济的传统行业逐步转型为数字化业务，促进了中小城市和乡村的经济发展。通过电商平台和数字支付，农村地区的居民可以享受到与城市居民同等的商品和服务，而企业和政府通过数字化手段能够更好地实现资源配置和信息流动，推动了区域经济的均衡发展。因此，数字经济促进了人口向经济活跃区域的流动，同时推动了小城市和农村地区的数字化发展。

数字经济的迅猛发展推动了网民数量的激增。随着互联网技术的普及，数字产品和服务的广泛应用，网络已成为人们日常生活和工作的重要组成部分。从社交媒体、在线购物到数字支付，越来越多的传统生活和消费方式被互联网技术替代。这些变革不仅吸引了大量年轻人参与，也让越来越多的老年人和低收入群体通过互联网进入信息社会，享受数字经济带来的便利。因此，网民数量不断增长，互联网的渗透率逐步提高，尤其是在农村地区，随着智能手机的普及和互联网基础设施的改善，越来越多的人开始使用互联网。

此外，数字经济还对人口结构产生了间接影响。随着在线教育、远程医疗和在线就业等新兴模式的普及，人口的活跃程度和参与程度得到了提升。特别是在疫情期间，许多企业和教育机构迅速地由线下转向线上运营，帮助更多人实现了工作和学习的数字化。这种数字化趋势可能促使老龄化社会中的部分群体保持更长时间的就业和社会参与，从而影响人口结构和社会活力。

总之，数字经济不仅通过促进区域经济发展和人口流动改善了人口环境，还通过推动互联网普及和技术创新，极大地增加了网民数量，推动了社会各个层面的数字化转型。这一过程中，数字经济不仅改变了人们的生活方式，也塑造了更加均衡的经济格局和社会结构。

024 中国数据产生量的增长趋势如何?

中国数据产生量的增长趋势呈现出爆发性增长的态势。随着数字化进程的不断推进，尤其是在互联网、物联网、大数据和人工智能等技术的驱动下，中国的数据生成量迅速扩大，并且这种增长趋势预计将继续保持。

互联网的普及是推动中国数据量增长的主要因素之一。随着互联网用户数量的增加，每天产生的网络行为数据不断攀升。从社交媒体、电子商务到数字支付，各种在线活动的背后都产生了大量的用户数据。这些数据不仅包含了消费者的购物习惯、兴趣爱好，还涉及了用户的地理位置、行为轨迹等信息，形成了庞大的数据流。

物联网的发展也是数据增长的重要推动力。物联网设备的广泛应用使得每个物理对象都能产生数据，无论是在智能家居、智能交通，还是在工业生产、农业管理等领域。各种传感器和设备收集的数据，如温度、湿度、运动状态等，源源不断地加入全球数据池中。

人工智能和大数据技术的广泛应用进一步加速了数据生成和处理的速度。各行各业对大数据的依赖程度不断加深，从精准营销到智能制造，从健康医疗到金融服务，大量的结构化和非结构化数据正在被快速采集、存储和分析。尤其是在智慧城市建设中，城市管理、交通流量、能源使用等都在实时生成并在处理大量的数据，为城市的智能化管理提供支持。

随着5G网络的普及，数据传输速度和带宽得到了大幅提升，这使得数据传输更加高效，进一步推动了数据量的增加。5G技术的应用使得更大规模的设备可以接入网络，产生的数据量将远超以往的网络技术时代。

未来，中国的数据产生量将继续呈现指数级增长。政府和企业在数字化基础设施建设上的持续投入，尤其是在数据中心、云计算平台的建设，将为数据存储和处理提供强有力的支撑。随着技术进步和产业数字化转型的深入，数据的生成将渗透到社会经济的各个层面，进一步推动中国数字经济的发展。

025 数字经济如何影响就业市场?

数字经济对就业市场产生了深远的影响。随着技术的不断发展和产业的数字化转型，数字经济既创造了新的就业机会，也在某些传统行业中引发了就业结构的变化。

数字经济推动了新的就业形式出现。远程工作、自由职业和灵活就业的增多，成为数字经济带来的显著变化。通过互联网平台，许多企业不再局限于传统的线下办公场所，员工可以通过数字工具在任何地方工作，这为那些居住在偏远地区或无法参与传统工作的人提供了更多的就业机会。此外，数字平台和共享经济的发展也催生了新的职业，如网络主播、在线教育讲师、数字营销专家等。这些新兴职业的兴起，为劳动者提供了更加多元化的就业选择和收入来源。

随着数字经济的发展，对技术技能的需求大幅增加，特别是在人工智能、大数据、云计算等领域。对专业技术人才的需求推动了相关教育和培训行业的发展。企业纷纷加大对数字技术和数据分析能力的重视，急需大量熟练掌握新技术的人员，这为高技能人才提供了更多就业机会。然而，这也带来了技能不匹配的问题，部分传统行业的工人需要进行技能升级，以适应新兴产业对高科技和数字化的需求。

数字经济还对传统行业的就业产生了影响。随着自动化、智能化生产的普及，许多低技能、重复性劳动的工作岗位被技术取代。例如，制造业中的机器人替代了部分人工操作，在线服务和自动化客服减少了人工服务的需求。这种变化使得部分低技能劳动者面临就业压力，迫切需要通过培训和转型来适应新经济环境的需求。

总的来说，数字经济在创造新就业机会的同时，也带来了劳动市场的结构性变化。随着技术的进步和行业的转型，如何通过教育和培训提升劳动力的技能，帮助失业者找到新的就业机会，成为促进数字经济健康发展的重要课题。

026 数字经济如何促进社会公平与包容性发展？

数字经济通过技术创新和产业转型，为促进社会公平与包容性发展提供了新的机遇。数字技术的普及和应用突破了地域、阶层和资源分配的限制，为弱势群体提供了更多的机会，推动了社会的公平与包容性发展。

数字经济的一个显著优势是缩小城乡差距。随着互联网基础设施的建设和电子商务的普及，农村和偏远地区的居民能够通过数字平台获取商品、服务和教育资源。这不仅打破了传统市场的空间局限，还促进了区域间的经济平衡发展。通过电商平台，农村的农产品能够直接进入城市市场，从而增加农民收入；同时，数字支付技术的普及，使得更多偏远地区的居民能够参与金融活动，提高了金融的包容性。

数字经济也有助于提升教育的公平性。在线教育平台的兴起，使得城市与乡村、贫困地区和发达地区的学生可以平等地享受教育资源。无论是学科辅导、职业技能培训，还是远程学习课程，都为不同地区的学生提供了接触优质教育资源的机会。这种教育资源的共享降低了教育的不平等，尤其在疫情期间，在线教育成为许多孩子获得学习机会的重要途径。

此外，数字经济通过改善金融服务促进了社会包容性。传统金融体系往往难以覆盖低收入群体和小微企业，但数字支付和金融科技的兴起大大提升了金融服务的普及率。通过手机支付、在线贷款等服务，低收入群体、小微企业和农村地区的人们能够更方便地获得贷款、理财、保险等金融服务。这种金融包容性不仅帮助个人和家庭改善了生活水平，也为小微企业提供了更多融资机会，促进了经济的全面发展。

数字经济还推动了残障人士的社会融入。通过智能技术的辅助，残障人士能够更加便捷地参与到社会活动中。在线购物、数字支付、虚拟社交和远程工作等形式，使得他们能够突破物理空间的限制，享受更高效的生活和工作体验。

总之，数字经济通过技术创新和资源共享，提升了社会的包容性，促进了教育、金融、就业等领域的公平性，为不同群体创造了平等的机会。这不仅有助于经济增长，也推动了社会的和谐与进步。

027 数字经济如何改变教育和人才培养模式？

数字经济正在深刻改变着教育和人才培养模式，尤其是在信息技术的推动下，教育方式、学习内容和人才培养目标都发生了巨大的变化。数字化工具和平台的应用不仅提升了教育的效率和可达性，也推动了教育内容和教学方法的创新。

在线教育和远程学习的兴起，打破了传统教育模式中对地理和时间的限制。通过互联网平台，学生可以随时随地地享受优质教育资源，无论是职业培训、学科辅导，还是学位课程，都可以通过数字化平台进行。这种灵活的学习方式，特别适合那些工作繁忙或生活在偏远地区的人群，让他们有更多机会提升自己的技能，学习更多的知识，从而更好地适应数字经济的需求。

数字技术的应用还促进了个性化学习和教育的定制化。基于大数据和人工智能技术，教育平台可以根据学生的学习进度、兴趣和学习能力，提供量身定制的学习内容和教学方法。通过智能推荐系统，学生可以获得符合其个性化需求的课程、资源和练习，极大提高了学习效率和效果。教育者也能够根据学生的表现，及时调整教学策略，实现更精准的教学。

数字经济的发展对人才培养模式也提出了新的要求。随着人工智能、大数据、云计算等新兴技术的不断发展，传统的技能和知识体系已经不能完全满足社会的需求。人才培养不再只是局限于理论知识的传授，更多的是需要关注创新能力、实践能力和跨学科的综合素质。通过数字平台，教育机构可以与企业和行业协作，推出符合数字经济需求的课程和实习机会，帮助学生了解行业最新动态和技术趋势，培养能够适应数字经济的创新型人才。

此外，数字经济还促进了终身学习的理念。随着技术的快速迭代和市场需求的不断变化，职场人士需要不断提升自己的技能。数字平台提供了丰富的在线学习资源，使得人们可以在任何阶段、任何年龄段继续接受教育，提升职业技能。终身学习已经成为适应数字经济和应对快速变化的关键。

数字经济对教育和人才培养模式的影响是全面的，数字化工具的广泛应用不仅提高了教育的普及性和效率，也促进了人才培养的创新和多样化，为社会提供了更符合数字经济需求的高素质人才。

028 数字经济如何影响文化和社会价值观？

数字经济对文化和社会价值观的影响是深远且多维的。随着数字技术的广泛应用，信息传播和交流方式发生了革命性变化，这不仅改变了社会的生活方式，也在潜移默化中影响了文化认同和社会价值观。

数字经济促进了信息的广泛传播和多元化表达。社交媒体和内容平台让不同地区、不同文化背景的人群能够分享和交流思想、观点和文化成果。通过这些平台，文化的传播更加迅速且广泛，传统文化与全球文化的碰撞与融合变得更加频繁。人们不再局限于本地文化或传统媒体的信息来源，而是通过数字平台接触来自世界各地的多元文化，推动了文化的多样性和包容性。

然而，数字经济也在某些方面影响了传统价值观。随着短视频、直播等内容消费方式的兴起，社交媒体对个人和社会的价值认同产生了巨大影响。虚拟世界中的自我表达往往会与现实生活产生差异，年轻人更容易受到虚拟形象和趋势的影响，可能导致社会焦虑、外貌焦虑等问题的加剧。与此同时，信息过载和算法推荐系统可能加剧了“信息茧房”现象，个体可能在信息的选择和消费中产生偏见，从而影响社会整体的多元性和包容性。

数字经济也推动了社会互动方式的转变，虚拟社交取代了传统的面对面交流，改变了人际关系的性质和深度。线上社交和虚拟社区让人们能够跨越地理和时间的限制进行互动，但同时也使得真实世界中的社交能力和人际交往面临挑战。随着人们更多依赖数字平台进行交流，社会的信任机制和公共生活的参与度可能受到一定影响。

在价值观层面，数字经济还促进了个体主义和消费主义的兴起。随着电子商务和个性化推荐系统的普及，消费者能够根据个人喜好快速做出消费决策，推动了个体需求的主导地位。同时，数字经济带动的便捷消费和即时满足也可能导致过度消费和环境负担的增加，对节俭和可持续发展等传统社会价值观产生冲击。

总的来说，数字经济在促进文化交流和多样性发展的同时，也带来了对传统文化和社会价值观的挑战。数字平台和技术的使用既创造了更多的机会，也需要社会在教育和规范上做出相应的调整，以确保数字经济的发展与文化和社会价值观的和谐共生。

029 数字经济如何助力乡村振兴？

数字经济在乡村振兴中的作用日益显著，它通过推动农业现代化、促进乡村产业发展、提升公共服务和改善民生，成为助力乡村振兴的重要力量。随着数字技术的普及，乡村地区不仅能够更好地融入全球经济，还能实现产业升级和社会发展，从而促进城乡一体化。

数字经济在农业现代化中的应用尤为突出。通过物联网、大数据、人工智能等技术，农业生产逐步从传统的依赖人力和经验转向智能化、精准化管理。精准农业技术使得农民能够实时监控土壤状况、气候变化、作物生长情况等，优化种植和施肥计划，减少资源浪费，提高产量和质量。此外，数字技术还可以帮助农民管理农田的水资源、病虫害等问题，从而实现更高效的生产管理。通过数据平台，农民能够及时获得市场信息，减少因信息不对称造成的市场风险，进一步提高了农业的竞争力。

数字经济通过推动乡村产业的多元化发展，为乡村振兴提供了新动力。随着电商平台的发展，农村的农产品能够直接进入城市市场，打破了传统流通方式中介环节过多、利润分配不均的问题。电商平台使得农民能够直接面向消费者，提升了农产品的市场竞争力，增加了收入。此外，乡村旅游、手工艺品和地方特产等也通过线上销售获得了更广泛的市场，农村经济的多样性和活力得到了极大提升。通过短视频和社交媒体，乡村的特色文化和旅游资源得到了更广泛的传播，吸引了更多游客和投资，推动了乡村经济的多元化发展。

数字经济在提升乡村公共服务和生活水平方面也起到了关键作用。在线教育、远程医疗和数字政务为乡村居民提供了更多便捷的服务。在教育领域，远程教育平台打破了乡村与城市之间的教育隔阂，使得乡村的学生可以通过互联网接受优质的教学资源，提升了教育公平。在医疗领域，远程医疗技术使得乡村居民能够通过互联网获得城市专家的医疗咨询和诊断，解决了农村地区医疗资源匮乏的问题。数字化的政务服务使得乡村居民可以在线办理各种公共事务，提升了行政效率和透明度。

在金融服务方面，数字经济通过数字支付和金融科技推动了金融的普及和包容性。移动支付和在线贷款的普及使得乡村居民能够更方便地进行金融交易，获得贷款支持。数字金融产品为农民提供了更多的金融工具，尤其是在农业保险、农村信用贷款等领域，减少了金融服务的地域壁垒，提升了乡村经济的活力。

数字经济还为乡村提供了就业机会和创业平台。在农村地区，随着数字技术的普及，许多人通过开设网店、提供在线服务、从事数字内容创作等方式，参与数字经济，提升了自身收入并改善了生活质量。政府和企业通过数字平台为农民提供培训，使其掌握电商运营、数字营销等技能，帮助他们在新的经济环境中找到就业机会。

综上所述，数字经济通过推动农业现代化、促进乡村产业多元化、提升公共服务、改善民生和促进就业，为乡村振兴提供了强大动力。随着数字技术的进一步发展，乡村振兴将迎来更多机会，乡村地区将实现更全面、更可持续的发展。

030　数字经济如何影响生态环境保护?

数字经济对生态环境保护产生了深远的影响，通过创新技术的应用，它不仅提升了环境监测与管理的效率，还推动了资源的高效利用和可持续发展。数字技术，尤其是大数据、物联网、人工智能和区块链等技术，正在为生态环境保护提供新的解决方案，改变了传统的环保模式，促进了绿色低碳经济的发展。

在环境监测和数据管理方面，数字技术的应用大大提升了生态环境保护的精准性和实时性。物联网技术通过传感器和智能设备实时监测空气、水质、土壤、噪声等环境因素，获取大量的环境数据。这些数据通过云计算平台进行存储和分析，帮助环境监管部门实时了解环境状况，及时发现污染源并采取相应措施。例如，智能空气质量监测系统能够自动识别污染源，向政府和公众发布警报，从而有效应对空气污染问题。数字化的环境监测大大提高了政府和环保部门的工作效率，减少了人工检测的误差和滞后性。

大数据分析在环境保护中的应用也越来越广泛。通过对历史环境数据的分析，能够预测环境趋势，制订长远的环保规划。例如，在森林资源管理中，利用卫星遥感技术和大数据分析，能够对森林覆盖率、植被变化等进行精准监控，有助于预防和应对森林火灾和非法砍伐。此外，大数据还可用于水资源管理，通过对水流量、温度、污染物含量等数据的分析，优化水资源的配置和使用，提升水资源的保护和管理效率。

人工智能在生态环境保护中的作用也越来越重要。人工智能技术能够通过机器学习和深度学习分析大量环境数据，识别潜在的污染源，预测污染扩散趋势，并为决策者提供优化的治理方案。AI技术还被应用于垃圾分类、废物处理等领域，通过智能识别和分类，提高废物处理的效率和精度，减少了环境污染。此外，AI还可以应用于绿色建筑设计、智能电网管理等方面，促进节能减排和资源的高效利用。

数字经济还推动了绿色供应链和绿色消费的发展。在数字化平台的帮助下，企业能够更加高效地管理供应链，优化资源的使用，减少浪费和排放。通过区块链技术，企业能够透明地记录产品的生产、运输和消费过程，从而减少不必要的资源浪费，提高供应链的可持续性。同时，数字平台也促进了绿色消费的兴起，通过电商平台，消费者可以更便捷地选择环保产品和绿色服务，从而推动低碳经济的发展。

数字经济还为环境保护提供了新的商业模式和创新机会。随着环保技术的不断发展，数字平台为绿色技术和环保产品的推广提供了广阔的市场。例如，数字化的能源管理系统可以帮助企业和居民更好地管理能源使用，减少能源浪费，降低碳排放。此外，智能电网和分布式能源系统的发展使得可再生能源的利用更加高效，推动了清洁能源的普及和应用。

然而，数字经济在促进环境保护的同时，也带来了一些挑战。数据存储和传输所需的能源消耗较大，尤其是云计算和大数据中心的能耗问题，可能对环境造成一定的负担。因此，在数字经济快速发展的同时，如何实现绿色数据中心建设，提高能源效率，减少数字技术带来的负面影响，也是亟待解决的问题。

总的来说，数字经济通过提供创新的技术手段，推动了生态环境保护的效率提升。大数据、人工智能、物联网等技术的应用，不仅帮助监测和管理环境质量，还优化了资源配置和能源利用，推动了低碳经济的发展。随着数字技术的进一步发展，数字经济将在生态环境保护中发挥更为重要的作用。

031 数字经济如何提升公共服务水平？

数字经济通过技术创新提升了公共服务的效率和质量，推动了社会管理的智能化、便捷化和个性化。大数据、云计算、人工智能等技术的应用，使得政府能够更加精准地了解民众需求，优化资源配置，提升公共服务水平。

在医疗领域，数字经济通过远程医疗和智能健康管理系统，使得医疗资源更加高效地配置。偏远地区的居民可以通过互联网获得专家诊疗服务，减少了看病难、看病贵的问题。同时，健康数据的数字化管理提高了疾病预防和管理的精准度，促进了公共卫生体系的现代化。

在教育领域，数字平台的普及使得在线教育成为可能，为不同地区的学生提供了平等的学习机会。智能化教学工具根据学生的学习进度和兴趣提供个性化的学习方案，提升了教育质量和公平性。

在政务服务方面，数字化转型使得政务流程更加简化和透明，居民可以通过网上平台办理各种行政事务，节省了时间和成本。数字政府建设提高了政府服务的响应速度，增强了政府与公众的互动，提升了公共管理的效率。

数字经济还推动了社会福利的精准分配，通过大数据分析，政府可以更加精准地识别弱势群体，优化社会福利政策，确保资源的有效利用，增强社会公平性。

总体来看，数字经济通过技术手段提升了公共服务的智能化、精准化和便捷性，有效解决了传统公共服务中的诸多问题，推动了社会管理的现代化。

第四章

数字经济的产业

032 数字经济在农业领域的具体应用有哪些?

数字经济在农业领域的应用正推动传统农业向智能化、精准化、高效化转型，提升了农业生产效率与质量。

通过物联网技术，农民可以实时监测土壤湿度、气温、光照等环境参数，实现科学种植与精细管理。传感器和遥感技术广泛应用于农田信息采集，使农业生产过程更加可视化、自动化，降低了人工依赖。

大数据平台帮助农户分析历史产量、市场需求和价格走势，优化种植结构与销售策略，减少盲目生产，提升收益预期。结合气象数据，农民还可精准预测病虫害和极端天气，提前应对，降低灾害风险。

人工智能在农业机械中的应用，如自动驾驶农机、智能喷灌系统，使播种、施肥、灌溉等作业更高效精准。无人机用于空中巡视和农药喷洒，不仅节省成本，也减少了对环境的破坏。

电商平台拓展了农产品销售渠道，帮助农民绕过中间商，直接对接市场，提高利润空间。直播带货、农村短视频等新业态也激发了乡村经济活力，带动特色农产品品牌化发展。

区块链技术在农产品溯源方面提升了食品安全与消费者信任，实现从田间到餐桌的全流程可追溯。

总的来看，数字经济正通过技术赋能各环节，推动农业现代化发展，增强农村经济活力，助力乡村振兴。

033 工业互联网如何推动制造业转型升级？

工业互联网作为制造业数字化转型的重要基础设施，正深刻改变着传统生产方式和管理模式，推动制造业向智能化、高端化迈进。通过连接设备、系统、人员与数据，实现全要素、全产业链、全价值链的深度协同，提升了生产效率与资源利用率。

在生产环节中，工业互联网通过感知设备状态、实时采集数据，实现预测性维护和智能调度，减少停机时间，提升产品优良率。数据驱动的决策体系让企业可以动态调整生产计划，快速响应市场需求，提升柔性制造能力。

在设计和研发阶段，工业互联网支撑数字孪生、仿真模拟等应用，使得产品开发更精确，周期更短。通过客户反馈数据，企业能够持续优化产品，实现定制化和个性化生产，增强市场竞争力。

在供应链管理方面，工业互联网打破企业间的信息壁垒，实现原材料、物流、库存等资源的可视化与智能调配，提高协同效率，降低成本和风险。

服务模式也随之演进，制造企业通过平台化运营提供远程监控、维护和升级服务，实现从“制造产品”向“制造+服务”转型，延伸价值链，提升附加值。

工业互联网还推动绿色制造，通过能耗数据分析，实现节能降耗与环保合规，助力可持续发展。

总体来看，工业互联网为制造业注入了数据和智能动力，成为实现高质量发展的关键引擎。

034　数字经济在服务业中的创新应用有哪些？

数字经济在服务业中的创新应用广泛而深远，正在重塑传统服务模式，提升服务效率与用户体验。通过人工智能、大数据、云计算等技术的融合应用，服务业向智能化、个性化、平台化方向加速发展。

在零售业，数字化推动线上线下深度融合，智慧门店、无人零售、个性化推荐等应用提升了消费者体验。电商平台利用用户行为数据实现精准营销，推动消费模式从被动选择转向主动推荐。

在金融服务领域，数字支付、区块链和智能风控技术重塑了银行、保险和证券等业务流程。金融科技让普惠金融得以实现，为小微企业和个人提供更加便捷、高效的金融服务。

在文旅行业，虚拟现实与增强现实被用于沉浸式导览与远程旅游体验。智能客服、在线订票与人流预测系统优化了运营效率，提升了游客满意度。

在医疗服务中，数字技术实现远程问诊、在线开药和健康管理，缓解了资源不均、看病难等问题。智能分诊和医疗影像AI识别提升了诊断效率与准确率。

在线教育则借助直播技术、AI评测和学习行为分析，为学生提供个性化学习路径，实现资源共享与教育公平。

通过平台化运营和数据驱动，数字经济正推动服务业持续创新，增强产业活力与适应力，为经济高质量发展注入新动力。

035 数字经济如何赋能智慧城市建设？

数字经济为智慧城市建设提供了强大的技术支持和创新动力。通过数字技术的应用，智慧城市在交通管理、公共服务、能源利用、环境监控等领域实现了智能化、精细化管理，提升了城市运行效率和居民生活质量。数字经济不仅为智慧城市提供了数据支持，还促进了各个领域的数字化转型，推动了城市的可持续发展。

在智慧交通方面，数字经济通过物联网、大数据和人工智能的融合，为城市交通管理提供了创新解决方案。通过传感器、摄像头、GPS北斗等设备收集交通数据，结合实时数据分析，城市能够对交通流量进行实时监控，及时调整交通信号灯，优化交通线路，减少拥堵。智能停车系统的应用也帮助解决了城市中停车难的问题，通过智能停车场和App，司机可以实时了解空闲车位信息，减少了寻找停车位的时间。电动汽车充电设施的智能化管理和智能交通系统的优化也在降低能源消耗和减少污染方面发挥了重要作用。

数字经济在公共服务中的应用推动了智慧城市的发展。智慧医疗、智慧教育和智慧政务是数字经济推动下的重要领域。通过大数据和云计算技术，城市医疗资源得到了更加高效的配置。智能健康监测设备的普及使得居民能够随时了解自己的健康状况，结合远程医疗服务，居民可以在家中享受医生的医疗咨询服务，从而提高了医疗服务的可及性和效率。在教育领域，智慧教育平台的建设让教育资源更加公平，尤其是在偏远地区，在线教育和远程学习使得学生能够接触优质的教育资源，提高了教育的公平性。

在能源管理方面，数字经济通过智能电网和智慧能源管理系统，提升了城市能源的使用效率。智能电网通过实时监测电力负荷和供电状态，能够根据需求变化进行动态调整，避免能源浪费。同时，数字化技术还能够帮助城市实现绿色低碳发展，通过智能照明、智能家居等系统的普及，降低了城市的能源消耗。数字经济也促进了可再生能源的利用，太阳能、风能等清洁能源的智能调度和集成，推动了城市能源结构的优化。

环境监控和管理是智慧城市建设的重要内容。数字经济通过物联网、传感器和大数据分析技术，使得城市能够实时监控空气质量、水质、噪声等环境因素。城市管理者可以通过数字平台快速获取环境数据，进行精准预警和应急响应。例如，在空气质量监测方面，城市能够及时发现污染源并采取相应的治理措施，保障居民的健康。智能垃圾管理系统也在一些智慧城市中得到了应用，通过物联网技术，垃圾桶的满载情况可以实时监测，垃圾收运系统可以根据实际需求进行优化调度，减少了垃圾收运的时间和成本。

此外，数字经济推动的智慧城市建设还带来了社会治理的创新。通过大数据分析，城市管理者能够对社会问题进行更为精准的预测和解决。数据共享和跨部门协作平台的建立，使得公共服务和社会管理更加高效。数字平台还加强了市民的参与感，居民可以通过数字平台反馈意见，参与城市决策，提升了政府与市民之间的互动性和透明度。

总而言之，数字经济为智慧城市建设提供了技术保障和创新动力。通过数字技术的应用，智慧城市不仅提高了城市管理的效率和居民的生活质量，还推动了可持续发展。随着数字经济的不断发展，智慧城市建设将更加智能化、高效化，并为全球城市发展提供新的思路和解决方案。

036 数字经济在医疗健康领域的应用案例有哪些?

数字经济在医疗健康领域的应用不断拓展，推动了医疗服务从线下向线上延伸，实现了服务模式与资源配置的深度变革。

远程诊疗是最具代表性的应用之一。通过互联网医院、视频问诊平台，患者足不出户即可完成在线挂号、咨询、处方开药等流程，缓解了大医院人满为患的问题，特别在疫情期间发挥了重要作用。

人工智能技术被广泛应用于医学影像分析，如肺结节识别、脑部MRI诊断等，提升了诊断的效率与准确率。AI还可用于辅助药物研发、疾病预测和治疗方案推荐，显著提高科研效率。

大数据支持下的健康管理平台通过穿戴设备采集用户心率、血压、睡眠等信息，进行实时监测与风险预警，为慢病管理、老年护理提供数据支持。个性化健康档案管理系统有助于实现“以人为本”的精准医疗。

智能导诊机器人在医院中提供导航、预检分诊等服务，减少人力成本并提升就医效率。区块链技术也被用于医疗数据存证与共享，保障数据安全与隐私。

这些数字化应用不断打破传统医疗资源分布不均、服务效率低的壁垒，为建设普惠、高效、智能的医疗体系提供了坚实支撑。

037　数字经济如何助力交通运输行业的智能化发展？

数字经济为交通运输行业的智能化发展注入了强大动力，通过大数据、物联网、人工智能等技术的应用，实现了交通管理的精细化、运行调度的高效化与服务体验的个性化。

在城市交通管理中，交通信号灯、摄像头、感应器等设备实时采集道路车流量、车速与拥堵状况，依托大数据平台进行动态分析与预测，提升道路通行效率，缓解拥堵压力。智能信号控制系统根据实时流量调整灯控时长，实现路网的自适应优化。

在公共交通领域，公交车与地铁通过北斗定位系统和车载智能终端，实现智能调度与精准到站预报，便于乘客掌握出行时间。票务系统与移动支付的融合也提升了乘车便捷性，促进了“无接触式”出行。

在货运物流方面，智能运输平台集成订单、仓储、路线与车辆管理功能，实现运输全流程数字化，降低空驶率与运输成本。冷链物流通过物联网设备实时监测温湿度，保障生鲜与药品的在途品质。

自动驾驶技术也在加快商业化应用，通过感知、决策与控制系统的协同，实现部分场景下的无人驾驶操作，提升道路安全与运营效率。

航空、高铁等枢纽型运输系统通过智能票务系统、人流预测与运营分析，实现高峰期人流调控与安全管理，优化旅客出行体验。

数字经济正加速推动交通运输向数字化、绿色化、智能化方向转型，重塑行业生态，助力现代交通体系向高质量发展。

038　数字经济在金融行业有哪些创新应用？

数字经济在金融行业催生了众多创新应用，推动金融服务更加智能、高效和普惠。数字支付是最直观的变革场景，依托移动互联网与二维码技术，支付宝、微信支付等平台广泛应用于消费、转账、缴费等环节，极大提升了交易的便捷性，重塑了支付生态。

金融科技通过大数据和人工智能重构风险控制体系。用户信用评估不再依赖传统的征信模型，而是综合用户行为、交易记录、社交数据等多维信息，提升了小微企业和个人的融资可得性。智能风控系统可在毫秒级内识别欺诈行为，保障金融安全。

智能投顾平台结合机器学习与客户偏好，自动生成个性化投资组合，降低理财门槛，助推大众理财普及。区块链技术也在金融领域广泛应用于跨境支付、票据流转、供应链金融等场景，提高了信息透明度与交易效率，降低了信任成本。

银行通过建设线上服务平台与手机银行App，实现账户管理、贷款申请、在线客服等功能全流程线上化，推动网点转型与业务数字升级。虚拟银行、数字保险与在线融资平台等新型业态不断涌现，为用户提供更加灵活、多元的金融服务。

数字货币的试点与推广也标志着金融基础设施的深度变革。整体来看，数字经济正推动金融行业实现服务普惠化、决策智能化、运营高效化，重塑金融新格局。

039 数字经济如何推动文旅产业融合发展?

数字经济通过技术赋能和模式创新，推动了文化与旅游产业的深度融合，实现资源共享、内容升级和消费体验的全面提升。文化资源借助数字技术得以更好地保护、传播和转化为旅游内容，旅游场景也因数字手段变得更加生动、互动与沉浸式。

数字化手段使文化遗产、历史场景与非物质文化以虚拟展览、3D建模、AR/VR等形式呈现，突破时空限制，将博物馆、遗址、古镇等转化为“数字景区”，增强了文化的传播力和吸引力。游客可以在进入景区前通过线上导览了解文化背景，到访期间借助数字导览系统实现自助解说，提升参观效率与文化体验深度。

短视频、直播和社交平台成为文化旅游推广的重要渠道，助力文旅品牌打造和目的地营销。通过网红打卡、剧情视频和沉浸式内容体验，地方文化与旅游景点实现破圈传播，吸引更多的年轻用户参与互动和分享，提升了旅游热度与文化认同感。

智慧旅游平台集成交通、住宿、景区、购物等全链条服务，提升游客出行的便利性和满意度。大数据分析帮助景区实现人流预测、客源分析与产品优化，避免过度拥挤，提升管理水平。电子门票、无接触支付与多语种服务也增强了游客的个性化体验与服务效率。

文化创意产品的数字化转型也成为融合发展的亮点。地方特色手工艺、传统美食、非遗项目借助电商平台拓展市场渠道，实现文化的商品化传播。通过数字设计、文创IP打造与内容赋能，文化产业与旅游消费深度融合，催生出大量新兴业态。

数字经济还推动文旅产业链的重构，文化内容生产、数字平台运营、游客互动参与，构建起更加开放的生态体系，实现从“看文化”，到“玩文化”，再到“用文化”的转变。融合不仅增强了旅游的文化底蕴，也激发了文化的市场价值，为推动文旅产业高质量发展注入持续动力。

040 数字经济在教育领域的应用现状如何？

数字经济在教育领域的应用已形成多层次、全场景的发展格局，推动了教学模式、资源配置和人才培养方式的全面变革。依托互联网、大数据、人工智能和云计算等核心技术，教育不再局限于课堂，学习方式也日趋灵活、个性化和智能化。

在线教育平台迅速普及，覆盖从学前教育到职业培训的各个阶段。学生可以通过手机或电脑随时随地访问课程内容，实现碎片化学习和自主安排学习进度。优质教育资源借助网络实现全国乃至全球范围共享，缓解了地区与城乡之间的教育差距，提高了教育公平性。

智能化教学工具成为课堂重要组成部分。AI教师助手、智能批改系统、语音识别与知识图谱等技术应用于作业布置、试卷评估、学习路径推荐等环节，大幅度减轻教师负担，提高了教学效率。在数据驱动下，系统可实时分析学生学习行为，诊断薄弱环节，提供个性化学习建议，推动“因材施教”从理念走向现实。

在教育管理层面，数字系统实现了从招生到教务到评价的全流程信息化，提升了管理透明度和决策效率。校企合作平台推动产教融合，通过线上资源共享与实训系统联动，为学生提供真实的职业场景体验，促进应用型人才培养。

虚拟现实和增强现实技术广泛应用于实践教学和技能培训，医学、工程、航空等领域的模拟教学提高了学生的操作能力和安全意识。元宇宙概念的引入也正在推动构建沉浸式学习空间，拓展教育的时空边界。

数字经济还激活了教育产业链创新发展。在线教育企业、平台开发商、教育科技公司共同构建教育新生态，促进内容、技术与服务融合。与此同时，数字鸿沟、信息安全和教育资源过度商业化等问题仍需关注和规范。

总而言之，数字经济正在重塑教育生态系统，推动教育从“教为中心”向“学为中心”转变，为构建更加公平、高效、智能的现代教育体系提供了坚实支撑。

041　产业数字化在三大产业中渗透率差异的原因是什么？

产业数字化在农业、工业和服务业中的渗透率存在显著差异，主要受制于技术适配性、产业结构特征、资本投入能力和人才基础等多方面因素。

农业的数字化起步较晚，渗透率相对较低，主要是其生产过程高度依赖自然条件、地域分布分散、标准化程度低，难以快速形成统一的数字化解决方案。农户的数字素养和信息获取能力普遍不足，导致新技术推广成本较高、速度较慢。此外，农业的投资回报周期长，缺乏大规模资本投入支持，也制约了农业数字化基础设施的完善。

工业的数字化渗透率处于中等水平，表现出较强的区域性和行业差异。部分高端制造行业如电子、汽车、装备制造等对智能化、自动化需求强烈，数字化进展较快。而传统制造企业受限于设备老旧、系统割裂、数据采集能力不足，数字化仍处于初级阶段。工业的数字化改造需要较大的资金投入与技术支撑，同时需要具备数据治理、工业互联网与信息安全等多维能力，对企业的组织协调与技术融合能力提出挑战。

服务业的数字化程度相对最高，受益于行业对数据依赖度高、用户接触界面广、业务标准化水平较高的特点。金融、电商、物流、教育等行业率先实现线上运营，通过平台化模式快速积累用户数据，推动智能推荐、服务定制和精准营销。服务业大多为轻资产运营，数字化改造门槛相对较低，受众对数字产品接受度也较高，进一步促进了数字技术在服务场景的广泛应用。

从整体看，产业数字化的渗透不仅受技术发展阶段影响，更与行业自身的资源禀赋、发展模式和政策支持密切相关。要缩小不同产业之间的数字化差距，需要从基础设施、人才培育、政策引导等方面协同发力，推动各行业的均衡高质量发展。

042 制造业数字化转型的典型路径有哪些关键环节？

制造业数字化转型是推动传统工业迈向智能化、高端化发展的核心路径，其中以智能工厂为代表的转型模式具有高度集成与协同特征。整个转型过程涉及多个关键环节，每一环节都关系到数字化转型的成效与可持续性。

数字基础设施建设是转型的首要环节。包括工业互联网平台、云计算架构、数据采集系统与智能传感网络的部署，构建起信息实时采集、传输与处理的能力，为后续系统协同与数据驱动提供支撑。高质量的数据采集设备和稳定的网络环境是保证工厂运行智能化的前提。

核心业务系统的数字化升级是基础。企业需对ERP（企业资源计划）、MES（制造执行系统）、PLM（产品生命周期管理）等关键系统进行整合与优化，打通计划、设计、生产、物流和售后等业务环节，实现上下游信息同步，避免“信息孤岛”现象。

智能设备与柔性生产线的引入标志着生产环节的变革。

通过嵌入工业机器人、自动化装备与可编程逻辑控制系统，制造工序由传统的人工操作转向自动化、柔性化、可编程控制。系统能够根据订单需求动态调整生产线，提高响应速度与资源利用效率。

数据驱动的智能决策是制造业转型的核心能力。通过工业大数据分析、AI算法模型与数字孪生技术，对生产状态进行实时预测、异常预警与优化决策。企业能够以数据为基础进行成本控制、能效管理和质量追溯，提升精细化运营水平。

产品全生命周期管理推动价值链延伸。制造企业不再只关注“制造”，而是借助数字技术实现从产品设计、生产、销售、服务到回收的全流程监控与优化。例如，通过远程监控与预测性维护为客户提供增值服务，推动“产品+服务”的业务模式转型。

网络安全与数据治理也是数字化不可忽视的关键环节。企业须构建完备的数据安全防护体系，确保核心数据、工业控制系统与用户隐私信息不被泄露。规范的数据管理机制和权限控制，有助于提升数据价值的可持续利用能力。

组织架构和人才体系的协同调整则是支撑转型的重要保障。数字化转型不仅是技术变革，更涉及管理流程重构与组织文化更新。企业须引入复合型数字人才，建立跨部门协作机制，使各业务单元真正理解并参与到数字化目标的实现中。

总而言之，制造业数字化转型路径以“数据采集—系统集成—智能决策—价值延伸”为主线，依托技术升级、流程优化和组织变革的有机融合，推动企业向智能制造和高质量发展迈进。

043 平台经济如何通过数据垄断影响市场公平竞争？

平台经济通过整合供需两端、提供高效撮合服务，极大地推动了数字经济的发展，但在快速扩张过程中，也暴露出数据垄断对市场公平竞争的显著影响。数据作为平台经济的核心资产，不仅关乎商业模式的持续优化，更直接影响平台对市场资源的控制力与议价能力。

大型平台凭借先发优势和强大的用户基数，积累了海量用户数据、交易数据和行为轨迹，形成以算法驱动的生态闭环。这种数据掌控使平台能够精确描绘用户画像，精准推送内容和商品，从而不断增强用户黏性与平台依赖性。在技术层面，算法基于数据反馈持续优化，进一步巩固平台的竞争优势，形成“数据越多、算法越准、用户越多”的正向循环，抬高了后进入者的技术和用户门槛，限制了新平台的生存空间。

在商业实践中，平台通过数据掌控实施“二选一”、差别定价、搜索排序歧视等行为。例如，在流量分配上，平台优先将曝光机会给予自身生态内的企业或长期合作商家，边缘化小型新进入者。通过算法控制定价与推荐机制，平台可以影响消费者选择路径，间接操控市场交易走向，扭曲价格形成机制和竞争规则。这种数据主导下的“隐性干预”往往难以察觉，实质上却削弱了市场的自由竞争基础。

数据垄断还助推了平台在垂直领域的扩张和多元化经营，形成跨行业竞争压制。平台凭借数据对用户全生命周期的掌控，可以在不同业务场景中无缝延展服务，如电商平台切入金融、外卖平台涉足本地生活服务等，不断挤压传统行业或中小企业的市场空间。由于其掌握的大数据资源具有排他性和不可复制性，其他主体即便有技术和资本，也难以重建类似的竞争优势。

此外，平台对数据的垄断也带来了监管挑战。企业间缺乏数据流通与共享，导致市场透明度下降，不利于创新主体在公平基础上进行产品开发与市场探索。消费者在平台内的数据被平台完全掌控，但其知情权、选择权和数据迁移权往往无法保障，形成“数据锁仓”现象，加剧了平台的主导地位。

为维护市场公平，亟须建立健全平台数据监管机制，打破数据孤岛，推进数据要素合规共享，保障中小企业平等进入平台生态的权利。通过反垄断执法、平台责任界定与算法透明规则建设，在激发平台创新动能的同时，有效抑制数据垄断行为，守住公平竞争的市场底线。

044 跨境电商如何依托数字技术重构全球贸易链条？

跨境电商在数字技术推动下，正在深度重构全球贸易链条，实现从传统“集中式、层级化、重资本”的国际贸易体系，向“去中心化、平台化、轻资产”的数字化新格局转变。通过大数据、云计算、人工智能、物联网等技术的集成应用，跨境电商突破了地域限制、信息壁垒和渠道约束，使全球贸易更加高效、灵活和可视化。

数字技术打通了商品、信息与资金流的全流程环节。依托数字化平台，供需双方可以进行实时对接，消除语言、时差和贸易壁垒带来的交易障碍。智能推荐系统帮助卖家精准触达目标客户，提升交易转化率，减少中间环节的资源浪费。在商品管理层面，AI算法支持精准选品与库存预测，提高供应链响应速度，降低仓储成本和积压风险。

跨境物流也因数字技术实现智能升级。通过物联网与区块链技术，物流链条实现全程可追踪与节点数据实时同步，提升了海关清关、仓储调配和末端配送的协同效率。智能物流系统可根据订单数据动态规划运输路线，缩短配送时间，优化跨境履约体验。数字报关与税务系统提升了通关效率，降低了贸易摩擦和政策不确定性对交易的影响。

支付结算系统在数字化推动下实现全球对接。多币种结算、跨境支付网关、数字钱包等新兴支付工具，减少了传统贸易中汇率波动、支付滞后、手续费高等问题，提高了交易流畅性与资金周转率。区块链在支付环节的探索，也推动了去中心化支付路径的可能性，为中小企业和新兴市场提供了更低门槛的国际金融服务。

营销模式因数字化彻底革新。社交媒体、直播、短视频等新兴渠道使品牌传播更具互动性和本地化特征，帮助企业精准渗透目标市场。数据分析工具使卖家可以实时掌握消费者行为变化，快速调整产品策略和市场布局，实现柔性定制与规模化服务兼顾的商业模式。

数字平台也重新定义了贸易生态结构。跨境电商平台集成支付、物流、售后、营销和合规服务，形成完整生态系统，推动贸易主体从“卖产品”向“卖服务”升级。中小企业借助平台可快速接入全球市场，降低参与国际贸易的门槛，打破传统外贸对渠道、人力与资源的依赖，提升全球贸易的包容性和多样性。

跨境电商依托数字技术正引领全球贸易向更加智能、高效和扁平化方向演进。数字化手段不仅优化了传统贸易流程，更激发了新兴市场的消费潜力，为构建开放、互联、共享的全球数字贸易体系奠定了坚实基础。

045　中小微企业数字化转型的痛点和政策支持工具有哪些？

中小微企业在数字化转型过程中面临诸多痛点，主要集中在资金压力、技术能力不足、人才短缺和转型路径不清晰等方面。由于自身规模小、抗风险能力弱，许多企业难以承担数字化所需的软硬件投入及系统改造成本。此外，企业普遍缺乏对数字技术的认知和应用能力，面对云计算、大数据、工业互联网等新兴工具，往往缺少专业团队进行规划与实施，导致转型效果不明显甚至失败。

数据安全和系统集成也是重要障碍。部分企业在信息系统建设中存在数据孤岛，平台之间兼容性差，难以实现业务协同和数据共享。同时，管理模式和组织结构未能及时适应数字化变革，影响企业整体运行效率。

为应对这些问题，政府出台了一系列政策支持工具。中央与地方纷纷设立专项资金，提供数字化转型补贴、软硬件设备采购支持和贷款贴息，减轻企业初期投入压力。国家级中小企业数字化服务平台为企业提供免费或低价的解决方案、在线培训与评估诊断，帮助企业明确转型方向。

通过“上云用数赋智”工程，引导企业接入工业互联网平台，推动数字资源与中小企业对接，提升数据应用水平。在人才方面，多地开展“数字技能提升计划”，鼓励院校、平台与企业合作开展定制化培训，以缓解技术人才紧缺问题。

中小微企业数字化转型需要政策、技术与市场多方合力，通过精准扶持、平台赋能和生态协作，增强企业的数字韧性和创新能力。

046 智慧医疗在数据隐私与诊疗效率间的平衡如何实现？

智慧医疗在提升诊疗效率的同时，对患者数据的依赖程度显著增加，使数据隐私保护成为核心议题。实现隐私与效率的平衡，关键在于技术保障与制度设计的协同推进。

通过数据脱敏、加密存储、多方安全计算等技术手段，医疗系统可以在不泄露个人隐私的前提下实现数据共享与分析，确保算法训练、疾病预测等功能的高效运行。区块链技术在部分场景中被应用于医疗数据的确权与流转，确保数据可控、可溯源，提升数据使用的透明度和信任度。

医疗机构在引入智慧系统时，需严格遵守数据最小化原则，避免采集与诊疗无关的信息，同时构建分级授权体系，确保数据访问权限明确、可追踪。患者应拥有对自身数据的知情权和使用权，平台须建立明确的数据使用规范与退出机制，增强用户对数据处理的信任。

在保障效率方面，人工智能辅助诊断系统可快速识别病症特征，提升医生决策效率。电子病历系统的互联互通也大幅缩短就诊流程，实现资源优化配置，提升医疗响应速度。

通过法律合规框架、技术手段和用户参与的三重保障机制，智慧医疗可以在保护隐私的同时发挥数据价值，实现诊疗效率与信息安全的双赢。

047 能源数字化（如智能电网）对“双碳”目标的贡献路径是什么?

能源数字化是实现“双碳”目标的重要支撑手段，通过技术融合和数据驱动，推动能源系统向低碳、高效、可持续方向转型。智能电网作为核心代表，构建起一个高度感知、精准调度、自主优化的能源管理网络，有效促进了清洁能源消纳、能源结构优化与碳排放控制。

在电力生产环节，智能电网通过实时监测发电状态和环境数据，提高可再生能源，如风电、光伏的接入能力与并网稳定性，减少因波动性带来的弃风弃光现象。分布式发电系统可根据实时负荷自动调节输出，实现清洁能源的最大化利用，提升能源系统整体碳效率。

在输配环节，依托传感器、通信网络和大数据分析，智能电网实现对电网运行状态的动态感知与智能调度，降低输电损耗，提升电能传输效率。高压直流输电技术与能量路由优化进一步打通区域能源资源配置通道，使清洁能源从资源富集区高效输送至负荷中心，优化全国范围内的电力资源配置，支撑碳减排目标落地。

在终端消费方面，能源数字化通过智能用电设备与负荷响应机制，引导用户在低碳时段错峰用电，在缓解电网压力的同时降低高碳电力的使用比例。智能电表、用电管理系统与分布式储能的结合，使居民和企业能实时掌握用能行为，提升节能意识与能效水平，推动用户侧低碳转型。

在产业层面，能源数字化推动能源与工业、建筑、交通等重点碳排行业的深度融合。通过工业互联网与能源管理系统的协同运行，企业可实现生产过程中的用能优化、排放监测与碳资产管理。绿色建筑通过智慧能源系统实现能耗实时监管与自动调控，提高建筑能效水平。智能充电网络助力新能源汽车普及，提升电动交通系统的清洁化水平。

碳监测与碳核算体系建设也因数字技术而加快。基于区块链、云平台与大数据分析的碳排放管理系统，实现对碳足迹的全链条追踪与精准计量，为企业碳交易和政府碳监管提供基础支撑，推动碳市场机制有效运行。

总体来看，能源数字化通过强化对能源系统的感知、调度和管理能力，贯通发电、输配、消费与碳核算各个环节，有效提升了低碳能源的使用效率与系统协同能力，为实现碳达峰、碳中和目标提供了关键路径和技术保障。

048 车联网技术如何推动汽车产业向服务化转型？

车联网技术正在重塑汽车产业结构，推动汽车从单一交通工具向多功能移动智能终端转变，加速产业从“制造导向”迈向“服务导向”的深度变革。通过连接人、车、路、云，车联网打通了数据流、信息流与服务流，使汽车成为集感知、交互、分析与服务于一体的数字节点，催生出一系列新型服务模式与商业生态。

基于车联网的数据采集与实时通信能力，汽车能够实现远程监测、动态感知与智能决策，使车辆使用过程变得更加可控与可管理。制造企业由此可以提供远程诊断、OTA（空中下载技术）远程升级、故障预警等增值服务，延伸服务链条，从一次性售卖向全生命周期管理转型，提高用户黏性与持续收益能力。

出行服务成为车联网推动服务化的典型场景。通过车辆联网能力与云端调度平台的结合，网约车、共享汽车、智能出租等多种出行方式应运而生。车企与科技公司、平台企业形成协同共建的新型出行生态，从“卖车”逐步转向“卖出行”，以数据驱动实现用户与场景的智能匹配，满足差异化、定制化的出行需求。

个性化数据服务在车联网环境中快速发展。用户的驾驶习惯、路线偏好、娱乐需求等信息可通过车载系统精准捕捉，实现音乐推荐、语音助手、导航优化、智能座舱调节等一系列定制化功能。这种以用户为中心的服务模式，使车企从硬件制造者演变为数据服务提供商，形成以数据为核心的新价值创造机制。

保险、金融、售后等传统汽车周边业务也在车联网支持下实现创新升级。车联网可提供精准行驶数据，助力开发基于驾驶行为的车险定价模型，实现“按里程计费”或“按风险定价”，提升风险控制能力与客户体验。车贷、融资租赁等服务可通过平台实时掌握车辆状态与用户信用，降低金融风险，提升运营效率。

车联网还助推了自动驾驶的发展，为未来“无人化出行”奠定基础。在车路协同与高精地图的支持下，车辆能够与基础设施实时互通信息，提升交通效率与行车安全。在自动驾驶场景下，服务化趋势更加显著，汽车将不再是私有资产，而是作为智能出行服务平台广泛接入城市交通系统。

在整个价值链中，车联网打破了传统产业边界，推动汽车产业从“制造－销售”向“制造－服务－数据运营”融合发展。通过构建以用户为中心、以数据为纽带的服务生态体系，车联网正在引领汽车产业迈向更加智能、开放、持续的服务化新时代。

049 数据交易市场的定价机制与合规风险如何设计？

数据交易市场的定价机制与合规风险设计，是推动数据要素高效流通和价值实现的核心环节。数据不同于传统商品，具有可复制性、非排他性、难以确权等特征，决定了其定价方式与合规机制需兼顾技术性、市场性和法治性。

在定价机制方面，应综合考虑数据的稀缺性、时效性、完整性、可用性与价值转化能力。基础数据，如地理、气象等公共数据可采用成本加成定价；行业数据与用户行为数据则需依据数据来源、处理深度、应用场景按价值定价。通过建立数据分级分类体系和质量评估标准，可量化数据资产的价值等级，为价格形成提供依据。引入市场化竞价机制、动态定价算法或数据拍卖平台，也有助于实现供需匹配与价值发现。

数据确权机制是定价的前提。通过数据标签、区块链存证等技术手段，明确数据归属、使用范围和收益分配权，构建可追溯、可控的数据资产边界，提升交易信任基础。

在合规风险方面，关键在于处理好数据安全、个人隐私与合法使用三者之间的平衡。数据提供方需履行脱敏、加密、匿名化等处理义务，防止原始数据中隐含的个人身份信息在交易中被滥用。交易平台应建立数据使用授权管理、访问控制与使用审计机制，确保数据不被超范围调用或二次转售。

在法律制度方面，应完善数据分类保护制度，明晰不同类型数据的交易边界与监管要求。对涉及个人数据、敏感行业数据或跨境传输的数据，应设立审批或备案制度，保障国家数据主权与公共利益。

在监管机制方面，可通过设立数据交易监管平台，实现对数据交易行为的实时监测和合规审查。鼓励行业协会制定交易规范与行业标准，引导企业合规运营。同时探索“沙箱监管”机制，鼓励数据定价与交易模式的技术创新，在可控范围内进行试点。

科学的定价机制与严密的合规体系共同构建数据交易市场的可持续生态，确保数据要素在合法、安全、透明的环境中实现最大价值。

050 工业互联网平台的生态构建逻辑是什么？

工业互联网平台的生态构建逻辑，核心在于打造一个技术驱动、数据联通、产业协同、多方共赢的开放体系。平台不仅承载工业设备的连接与数据汇聚，更是集成工业软件、算法模型、业务服务与智能应用的综合载体，旨在提升产业链整体的数字化、网络化和智能化水平。

平台生态的起点是“连接”。通过物联网技术，实现设备、系统、人员与产品的全面感知与互联，打通工厂内部与外部的数据链路。连接带来数据，而数据是工业智能的基础。平台须具备强大的数据处理、边缘计算与建模能力，将分散、异构的数据进行标准化、结构化处理，为后续服务与智能决策提供基础。

在此基础上，平台构建“应用层”生态，聚合工业

App、算法模型、分析工具与行业解决方案，满足不同行业、企业和场景的个性化需求。平台方通过提供标准开发工具与开放接口，吸引第三方开发者、系统集成商和工业软件商参与，构建“共创—共用—共赢”的生态体系，形成正向循环。

平台还承担“协同中枢”角色，推动产业链上下游的数据共享与业务协同。通过打通供应链、研发、制造、销售等环节，促进跨企业、跨区域的资源配置效率提升，实现工业企业从“孤岛作战”向“生态联动”的转型。

在商业模式上，工业互联网平台需平衡“平台赋能”与“价值捕获”，通过数据服务、订阅计费、解决方案定制等方式实现可持续盈利。同时注重生态伙伴利益共享机制的设计，增强平台黏性与生态稳定性。

平台的可持续发展离不开治理机制支撑。包括数据安全保障、知识产权保护、服务标准制定与能力评估体系等，确保平台生态健康运行，增强企业信任与参与意愿。

工业互联网平台的生态构建本质上是构建一个开放、协作、智能的工业数字空间，以平台为核心驱动工业体系全面转型升级。

051 人工智能如何优化物流行业效率？

人工智能在物流行业的应用不断深化，正成为提升仓储与配送效率的关键技术动力。通过数据感知、智能决策与自动执行等能力，人工智能重塑了物流作业流程，在仓储管理、路径规划、库存优化与末端配送等环节发挥出显著效能。

在仓储环节，人工智能通过视觉识别、语义分析与自动控制技术，实现对入库、拣选、分拣、盘点等作业流程的自动化与智能化。智能仓库利用AI驱动的机器人进行货物搬运、定位与排序，有效降低人力成本与出错率。图像识别与深度学习技术可识别物品形状、体积与条码，实现多样化货品的高精度自动分类。基于历史出库数据的算法模型，能够预测商品热度与出库频率，辅助优化货架布局，提升拣货路径效率，缩短操作时间。

在库存管理方面，人工智能模型可根据销售数据、市场趋势与季节性变化，预测库存需求，实现动态补货与精准备货，避免积压与缺货问题。通过AI算法进行库存周转率分析，还可帮助企业设定更科学的安全库存阈值，提高资金使用效率。

在配送环节，人工智能的路径优化算法对物流效率的提升尤为关键。通过分析订单量、道路状况、交通数据与天气变化，AI能够实时生成最优配送路径，降低运输成本与碳排放，提高时效性。对于多点多单的配送需求，AI还可实现智能订单组合与路径整合，在保障服务质量的同时提高车辆利用率。智慧调度系统结合实时订单与运力资源，动态调整配送计划，提升资源匹配效率。

在末端配送中，人工智能正推动无人配送设备的商业化应用，如无人车、无人机与配送机器人，通过环境感知与自动导航，实现小范围自主投递，缓解“最后一公里”配送难题。人脸识别、语音交互等AI功能还提升了用户的签收体验和包裹的安全性。平台可通过AI客服自动识别客户诉求，并进行智能响应，提高服务效率。

在管理层面，人工智能构建的数字孪生系统可模拟仓库与配送网络的运行状态，辅助管理者提前识别瓶颈、异常与风险，提升决策的预见性与科学性。结合大数据与AI分析，物流企业还可挖掘客户行为偏好与需求趋势，推动服务模式与产品结构优化。

通过与物联网、5G、边缘计算等技术协同，人工智能正在驱动物流系统从“人控模式”向“智能自适应系统”演进。在未来，随着算法精度、感知能力与自动控制水平持续提升，AI将更广泛嵌入物流全链条，为行业带来更高效率、更低成本与更优体验，构建智能、高效、可持续的物流新生态。

052 数字技术对传统零售业“人货场”关系的重构体现在哪些方面？

数字技术对传统零售业“人货场”关系的重构，正深刻改变零售运营逻辑与商业生态，推动零售业从线下实体驱动向数据驱动转型，实现以消费者为核心的精准服务与高效运营。

在人与货的关系方面，数字技术增强了用户识别与个性化能力。通过大数据、人工智能和云计算等手段，零售企业能够全面采集并分析消费者的购买记录、浏览行为、偏好习惯等数据，构建用户画像，实现千人千面的商品推荐与营销内容分发。消费者从被动接受商品信息转变为参与产品设计与定制，形成“用户驱动商品”模式，促使供给端更加贴近市场真实需求。

在货与场的关系上，数字化打破了物理空间对商品展示的限制。线上商城、虚拟货架、3D商品展示等技术延伸了商品的展现方式，提升消费者的浏览效率与购买转化率。库存信息与销售数据实现实时同步，供应链系统通过智能补货与分仓配送，降低库存成本，提升货品周转速度。数字孪生与AI预测模型辅助进行商品布局与陈列优化，提高空间利用率与运营效益。

在人与场的互动关系方面，数字技术重塑了消费者的购物路径。线下门店借助AR导购、智慧试衣镜、人脸识别支付等技术，增强沉浸感与互动性，使传统门店不仅是交易场所，更成为体验与社交空间。线上平台则通过社交电商、直播带货、兴趣推荐等方式拉近用户与品牌的情感距离，提升用户黏性。无论是到店消费还是线上选购，数字技术实现了全渠道融合，用户在任何时间和地点都能无缝切换购物场景。

在全链路层面，数字技术推动“人货场”三者之间形成实时、动态与智能的关联。例如，智能POS系统可以将顾客结账数据、商品库存与门店运营情况同步传输至后台系统，实现精准营销与库存联动。通过AI预测算法，系统可以提前判断潜在热销商品，引导采购和推广策略，优化整个零售链条的响应速度和资源配置。

此外，基于数据驱动的零售中台架构也成为企业重构“人货场”的核心能力。中台整合前端触点与后端系统，实现数据共享、服务复用与业务协同，支撑零售企业实现多渠道、全品类、快响应的运营模式。消费者不再是被动的“流量”，而是数字系统中持续互动的“资产”；商品不再是静态堆放的“货架品”，而是根据数据实时调度的“内容”；场景不再是割裂的门店或页面，而是线上线下融合、内容与服务交互的全域生态。

综上所述，数字技术对“人货场”的重构不仅优化了效率与体验，更推动零售从产品驱动向用户价值驱动转变，催生出更加智能、灵活、以人为本的新型零售形态。

053　数字会展如何提升全球贸易效率？

数字会展通过融合云计算、虚拟现实、大数据和人工智能等技术手段，打破了传统会展的时间、空间和成本限制，重塑了全球贸易对接的方式，显著提升了贸易效率与资源配置能力。作为全球贸易的重要平台，云展会为供需双方提供了更高频、更精准、更灵活的互动场景，使贸易对接从线下集中式向线上分布式转变。

在信息获取与展示层面，数字会展打破物理边界，实现了全天候、全地域的产品与企业展示。通过虚拟展厅、3D展品、在线直播等形式，参展商可以将产品信息以可视化、交互化方式呈现，增强展示效果。采购商无须长途跋涉，即可随时在线浏览全球展品，提高信息匹配效率，缩短前期洽谈周期。

数据驱动下的精准匹配是云展会提升贸易效率的关键优势。平台利用大数据分析与智能算法，根据企业属性、产品类型、历史交易、浏览行为等，自动推荐潜在合作方，提升供需对接的准确性和成功率。虚拟展会系统可根据用户行为，让数据不断优化展示内容和匹配逻辑，实现“展品找人、人找展品”的双向智能撮合，显著降低沟通成本并减少信息不对称问题。

在会展交互过程中，数字化工具提升了沟通的即时性与多样性。参展企业可通过视频会议、在线聊天、语音翻译等功能进行实时交流，弥补地区与语言的差异，提升跨境谈判效率。AI翻译和语音识别技术还支持多语种无障碍交流，为中小企业进入国际市场降低了门槛。

数字会展平台还整合支付、物流、认证等多元服务，实现一体化贸易闭环。参展商可以在平台内直接生成报价单、发起支付意向或对接第三方物流与清关服务，减少交易流程中间环节，加快合同达成与履行周期。依托区块链技术，部分平台探索建立可信的交易记录与数字信用体系，为国际贸易提供安全保障。

传统会展周期短、场地资源有限，难以持续推动长尾效应。云展会则实现了“展会常态化”，展品与企业信息可长期在线，形成常设性的贸易流量入口。企业在云展会期间获得的客户数据、访问轨迹与反馈内容也成为后续营销与产品优化的重要依据，增强了展后转化能力。

数字会展为中小企业拓展国际市场提供了平等机会。

以往高昂的展位费用、交通住宿成本是小企业参展的主要障碍，而云展会大幅降低参展门槛，使更多发展中国家和初创企业能以低成本触达全球客户，提升全球贸易参与度与包容性。

从宏观视角看，数字会展推动了全球供应链的柔性重构与贸易资源的高效配置。在多重地缘政治与疫情冲击背景下，云展会为企业提供了稳定的国际沟通渠道，有效支撑了跨境贸易的韧性发展，成为全球贸易体系中不可或缺的数字基础设施之一。随着技术演进与标准完善，数字会展将在促进全球贸易可持续发展中发挥更大作用。

054　数字技术如何赋能文化产业IP的全球化运营？

数字技术为文化产业IP的全球化运营提供了高效路径与广阔空间，重塑了内容传播、品牌建设与用户互动方式。借助互联网平台和社交媒体，文化IP可迅速突破地域限制，实现全球同步发布与跨文化传播。通过大数据分析与用户画像构建，企业能够精准把握不同国家和地区的审美偏好与消费习惯，优化内容创作与本地化策略，提高国际市场适配度。

虚拟现实与增强现实技术增强了文化IP的沉浸式体验感，提升用户黏性与互动深度，推动文创、游戏、演艺等领域的跨界融合，延伸IP价值链。AI技术支持多语种翻译与语音合成，减少语言障碍，提升全球传播效率。

区块链技术为IP确权与版权交易提供可信机制，保障内容原创性与跨国收益分配，增强版权保护力度。数字藏品、非同质化代币等新模式也拓展了IP的数字资产化路径，为全球粉丝参与和消费提供多样化形式。

平台化运营加速了IP在全球市场的多维触达与商业变现，推动文化品牌从内容出海向价值出海升级。数字技术正成为推动文化产业IP全球化的核心驱动力。

第五章

数字经济的挑战和机遇

055　数字经济发展面临哪些政策挑战?

数字经济的发展虽然释放出巨大潜力，但在制度与治理层面也面临多重政策挑战。数据确权难题尚未解决，数据作为新型生产要素，其归属、使用与收益分配尚缺乏统一法律框架，阻碍数据资源的有效流通与资产化进程。隐私保护与数据安全风险持续上升，现有政策在技术更新速度面前往往滞后，难以覆盖算法滥用、个人信息泄露等复杂场景。

平台经济垄断与不正当竞争问题引发监管压力，大型平台依托数据与流量优势形成市场支配地位，影响中小企业公平竞争，现有反垄断工具亟须针对性升级。数字产业跨界融合加快，传统行业监管分割导致政策碎片化，缺乏统一协调机制，不利于构建包容、透明的创新环境。

数字基础设施城乡差距明显，政策支持更多集中于发达地区，边缘区域的数字鸿沟制约数字经济的普惠性与包容性发展。跨境数据流动与数字主权之间的矛盾也日益突出，如何在促进全球数字贸易的同时守住国家安全底线，成为政策制定的重要考量。

总体来看，数字经济发展呼唤更具前瞻性、系统性与灵活性的政策框架，强化数据治理、平台监管、基础建设与国际协调的统筹设计，实现公平、安全、可持续的数字化进程。

056 数字经济政策环境对行业发展有何影响?

数字经济政策环境对行业发展具有决定性影响，直接关系到技术创新路径、市场运行机制和资源配置效率。良好的政策环境能够为企业营造稳定、公平、可预期的发展空间，激发市场活力与创新动力，推动新业态、新模式快速成长。

政策环境在产业引导方面发挥着重要作用。通过战略规划、财政补贴、税收优惠、融资支持等手段，政策能够引导社会资本和人才向关键技术领域和数字基础设施聚集，提升整体产业链水平。比如，对人工智能、5G、工业互联网等领域的政策支持，加快了关键技术突破和商业化落地，推动了相关行业的爆发式增长。

监管政策决定了行业边界与竞争秩序。合理的监管能够平衡创新与安全，规范平台经济、数据使用、算法应用等关键环节，防止市场垄断和无序扩张。针对平台经济制定的反垄断和公平竞争政策，有助于保障中小企业的市场准入机会，提升整个数字生态的健康度。数据治理政策的明确，也为数据合规流通和跨行业应用提供制度基础，促进数据要素高效配置。

开放与合作政策决定了数字经济的国际拓展能力。跨境数据流通规则、数字贸易协定、技术标准互认等政策，直接影响企业的全球化布局与资源整合效率。支持企业“走出去”的政策，有助于推动国内数字产品、平台与服务拓展国际市场，增强国际竞争力。

教育、人才和数字素养相关政策对行业的长期发展构成基础保障。通过完善职业教育体系、推动复合型数字人才培养，政策能够缓解数字经济发展中的结构性人才短缺问题，增强创新与应用能力。

整体而言，数字经济政策环境不仅提供了制度保障和发展方向，也深刻塑造了行业的竞争格局与成长逻辑。政策的科学设计与灵活调整，是实现数字经济高质量、可持续发展的关键支撑力量。

057 数字经济发展中的技术瓶颈有哪些?

数字经济发展过程中面临多项技术瓶颈，直接制约了其效率提升、场景拓展与价值释放的深度。核心技术自主可控能力不足仍是关键难题，高端芯片、操作系统、工业软件等基础领域依赖度较高，限制了关键环节的安全性与可持续性。国产替代路径尚未完全打通，易受国际供应链波动影响，造成数字经济生态的不稳定性。

数据质量与共享机制不健全导致数据价值难以充分释放。大量数据存在孤岛化、非结构化、重复冗余等问题，无法高效流通与融合，影响人工智能、算法优化与智能决策的精度。数据确权、授权与使用规则不清，也使企业在数据流通和商业应用中面临合规风险与协作障碍。

算力资源分布不均与能效瓶颈制约大规模智能应用落地。东部地区云计算与AI算力高度集中，西部及中小企业获得高性能计算资源的门槛较高，阻碍了普惠性创新。同时，大模型训练与实时计算对能耗提出更高要求，绿色算力体系尚未成熟，影响可持续发展能力。

网络基础设施虽已广泛铺开，但面向工业场景、极端环境和边缘侧应用的低延迟、高可靠、高安全网络仍显薄弱。工业互联网、远程医疗、自动驾驶等高敏感应用对5G、边缘计算与网络协同能力提出更高要求，现有架构尚难全面满足。

算法偏差与模型泛化能力不足也成为制约人工智能商业化的重要障碍。算法依赖海量训练数据，存在“黑箱”决策风险，缺乏解释性与可控性。在多变复杂环境下，模型泛化能力难以支撑跨场景应用，影响决策系统的可靠性。

关键技术与应用之间的融合度不高，导致“有技术无场景”或“有场景无技术”的脱节现象，阻碍创新价值转化。要突破这些瓶颈，须加快核心技术攻关，构建开放共享的数据体系，完善算力基础设施与智能算法体系，推动技术链、产业链与应用链的深度融合。

058　如何提升数字基础设施的覆盖率和质量？

提升数字基础设施的覆盖率和质量，是实现数字经济普惠发展和区域协调发展的基础工程。关键在于优化资源布局、加快技术升级、完善政策支持与强化协同机制，以实现城乡、区域、行业的广泛覆盖与高效服务。

网络通信设施建设是核心任务。5G、千兆光网、IPv6等新型网络基础设施需在城市与农村同步推进，特别是在边远山区和中西部地区加大投资力度，提升网络可达性与稳定性。通过统筹规划“东数西算”工程，加快建设绿色低碳的数据中心集群，优化全国算力资源布局，缓解东西部间的资源供需不均问题。

在重点行业领域，应推动工业互联网、智能电网、智慧交通等行业专网建设，实现垂直领域的高质量数字连接。边缘计算节点部署应靠近业务终端，降低延迟，提升响应效率，支撑实时控制类数字应用的落地。云计算平台要强化弹性调度和分布式架构设计，提升中小企业数字化转型的接入便利性和服务稳定性。

公共服务数字化建设需注重协同与共享。构建统一的数据资源平台和政务信息交换体系，实现部门、地区之间的互联互通，消除“信息孤岛”。加强数字身份体系建设，推动公共数据开放共享，提高公共资源配置效率，提升群众的获得感与满意度。

政策层面应建立多元化投入机制，吸引社会资本参与数字基础设施建设运营。通过财政补贴、税收减免、低息贷款等方式，激励企业在欠发达地区部署基础设施，提升边缘区域数字化承载力。制定强有力的标准体系和监管制度，确保基础设施建设过程合规、安全、绿色，保障长期可持续运行。

通过推动“网络通达、算力普及、数据流通”的系统布局，强化协同推进能力，数字基础设施将更加全面覆盖、多元支撑、弹性强大，为数字经济发展提供坚实底座。

059　数字经济时代的数据安全和隐私保护面临哪些挑战?

数字经济时代，数据已成为核心生产要素，但随之而来的数据安全与隐私保护问题也日益严峻，面临诸多挑战，涉及技术、管理、法律与伦理多个层面。

数据流动范围广泛，传输路径复杂，易发生泄露、滥用与篡改。大规模数据集中存储和跨平台共享在提升效率的同时，也扩大了安全攻击面，黑客攻击、勒索病毒等网络安全事件频发。一旦关键数据遭受攻击，不仅影响个人的隐私权益，也可能对企业声誉、国家安全与社会稳定造成严重冲击。

隐私保护面临“算法黑箱”与“过度收集”双重压力。平台企业为优化推荐、提升转化率，往往通过深度学习模型对用户行为进行分析，用户在不知情的情况下被精准画像，个人信息采集远超服务所需。缺乏透明的数据处理规则和用户授权机制，导致用户对数据如何被采集、处理、分享与使用缺乏控制权，隐私边界模糊化。

数据跨境流动带来合规困境。随着全球数字贸易加速，数据在不同国家间流转频繁，但各国在数据主权、存储要求与传输安全方面存在显著差异，企业在开展国际业务时需同时满足多地法规，面临法律冲突和合规成本上升的挑战。部分国家实施数据本地化政策，也对数据的全球协同使用构成障碍。

数据确权与使用边界不清，阻碍了数据要素市场的规范发展。个人、企业与平台之间的数据归属和收益分配机制尚不明确，导致数据交易缺乏信任基础，使用过程中的权责划分模糊，容易引发纠纷。同时，数据匿名化技术尚不成熟，在复杂数据关联场景下存在“去标识化失败”的风险，用户隐私仍可能被反推识别。

监管手段滞后于技术发展速度。新兴技术如人工智能、区块链、物联网等带来新型数据安全问题，传统监管模式难以及时响应，技术治理工具缺乏统一标准与行业规范，监管边界不清、执法难度大，容易导致政策真空或过度干预，影响数字经济创新活力。

在这一背景下，数据安全与隐私保护不仅是技术课题，更是制度建设与社会共识的系统工程。需要从法律法规、技术防护、企业责任与公众参与等多方面协同发力，构建可控、可信、透明的数据治理体系，才能在保障安全的前提下释放数字经济的最大潜能。

060　数字经济发展中的人才短缺问题如何解决？

数字经济发展对复合型、创新型人才的需求快速增长，但当前人才供给体系难以满足技术演进和产业变革的实际需要，呈现出结构性短缺、区域性不均、能力匹配不强等突出问题。解决这一难题，需从教育体系改革、职业技能培训、企业人才机制与区域协同发展等方面系统推进。

高校教育体系应加快与数字产业深度对接，推动专业结构优化与课程内容更新，增强学科交叉融合。计算机科学、人工智能、大数据、区块链等新兴技术类专业应扩大招生规模，强化实践教学与应用能力培养。同时，将数字素养教育向非技术学科延伸，提升文科、管理、艺术等专业学生的数字技能，构建多元融合的人才培养生态。

职业教育和技能培训体系要提升灵活性与实用性，为转型就业人群和在岗人员提供“随学随用”的数字技能提升路径。依托在线平台、企业培训基地与产教融合实践中心，构建覆盖不同阶段、不同层次的培训服务体系。推动地方政府与龙头企业联合开展定制化培训项目，强化实操能力，缩短人才落地周期。

企业是数字经济人才需求的直接承接者，应积极转变用人机制，建立以能力和贡献为导向的人才评价体系，弱化学历与资历限制，鼓励内部培养与岗位轮训，提升员工的岗位适应性与技术敏捷性。通过与高校共建实训基地、设立产业导师、参与人才培养标准制定，企业可深度融入人才供给链条，缓解“招不到、留不住”的难题。

区域间应推动人才资源共享与协同流动。发达地区具备丰富的教育资源和产业基础，应通过“飞地培训”“远程教学”“异地实训”等方式，帮助中西部和农村地区加快数字人才积累。鼓励建设区域性数字技能公共服务平台，促进跨行业、跨地区的资源对接与人才流动，增强中小企业数字化转型的人力支撑能力。

政策支持也是不可或缺的一环。政府可通过专项资金、税收减免、人才奖励等手段，引导社会力量参与数字人才培养，降低中小企业培训成本，鼓励灵活就业者提升技能。同时，构建国家级数字人才评估与认证体系，打通人才评价“最后一公里”，提升人才市场透明度与流动效率。

数字经济的发展必须以人才为本。构建多元供给、协同育人、按需配置、持续成长的人才生态体系，是缓解数字经济人才短缺的根本路径，也是保障产业长期竞争力的重要基础。

061　数字经济如何促进传统产业与数字技术融合？

数字经济通过技术赋能与平台驱动，为传统产业注入新的增长动力，实现从要素驱动向数据驱动的根本转型。

传统制造、农业、能源、交通等行业，借助数字技术正在重塑生产流程、运营模式和产业生态，从而迈向更加智能、高效、绿色的发展路径。

在生产端，工业互联网、物联网和人工智能的应用使设备互联互通、工序智能协同成为现实。企业可通过实时数据采集与分析优化生产调度，提升资源利用率与产线柔性化水平。数字孪生技术让工厂能够虚实结合，预判风险、模拟工艺，提升决策效率与产品质量。

在供应链层面，大数据和云平台实现上下游企业间的信息透明共享，打破数据孤岛，增强产业链响应速度与抗风险能力。企业可依托预测性算法实现精准库存管理和智能补货，降低物流成本，提升供应链韧性。

在营销服务环节，传统企业通过电商平台、直播带货、私域运营等方式触达更广泛用户，实现全渠道融合。消费者行为数据支撑企业优化产品设计、定价策略与客户服务，实现精准营销与定制化服务，增强品牌黏性与市场适应性。

在农业领域，智慧农业系统将传感器、无人机、遥感影像与AI算法应用于种植、养殖、管理各个环节，实现精准播种、智能灌溉、科学施肥，提升单产水平和绿色化程度。农产品溯源体系和电商平台连接城乡市场，提升农业产业链附加值。

能源行业通过智能电网、数字化电力调度系统、分布式能源管理平台，实现供需动态匹配与能效优化，推动能源结构向绿色低碳转型。在交通领域，数字技术支撑智慧交通系统建设，提升运输效率与出行体验，缓解拥堵与碳排放压力。

数字平台与传统企业融合也催生新型业态与产业链条，如“制造+服务”“产品+数据”“内容+社交”等模式，为传统产业拓展了更多盈利空间与发展路径。中小企业通过SaaS平台、产业互联网等工具实现轻量化转型，降低数字化门槛。

推动传统产业与数字技术融合的关键，在于构建统一标准、加强基础设施、完善数据治理与提升人才能力。只有技术、组织、机制协同演进，才能实现数字经济对传统产业的深层重塑，推动产业实现从量的扩张到质的飞跃。

062 数字经济发展中的数据开放共享难题如何破解？

数字经济的发展高度依赖数据要素的流动与利用，但现实中数据开放共享面临诸多制约，成为数字红利释放的关键瓶颈。破解这一难题，需要在技术、机制、制度、安全等多个层面构建系统性的解决路径。

数据确权不清是共享难的根源。不同主体对数据所有权、使用权、收益权认知不一，导致数据使用界限模糊、责任边界不明。要解决这一问题，需加快推进数据分类分级管理制度，明确公共数据、企业数据与个人数据的权属边界与开放条件，为数据共享提供法理基础。加强数据资产登记、确权与交易机制建设，推动数据从“资源”向“资产”转化，增强数据流通的法律保障。

利益分配机制不健全抑制数据流动。数据提供方难以从共享中获得可观回报，而使用方又承担不确定的合规风险，形成“共享无动力、使用有顾虑”的局面。应建立基于使用价值的数据收益分配模式，探索数据按贡献计价、收益反哺的数据激励机制，提升各方参与意愿。

数据安全与隐私保护是共享的底线。缺乏统一标准的脱敏技术、不完善的授权体系、弱化的监管能力，使数据开放面临较高泄露与滥用风险。需加强安全脱敏、联邦学习、多方安全计算等新型技术的推广应用，实现数据可用不可见、计算不出库，打通数据共享“最后一公里”。构建覆盖全生命周期的数据安全评估体系，强化数据共享过程中的动态监管能力。

公共数据开放程度不高也是制约因素之一。政府部门掌握着大量高价值公共数据资源，若能依法依规向社会开放，将大大释放公共数据红利。应健全公共数据开放目录、标准规范与平台体系，推动教育、交通、医疗、气象等重点领域的数据向社会开放，同时加强平台运维与授权管理，防止过度集中与滥用。

行业间标准不统一、接口不兼容也使数据共享难以规模化推进。应推动建立统一的数据格式标准、接口协议与交换机制，提升跨系统、跨机构间的数据对接效率。鼓励行业协会和平台企业参与数据标准制定，提高市场化机制下的数据互操作能力。

构建国家级数据共享枢纽平台，可整合多部门、多行业数据资源，实现权限统一、接口统一、服务统一。通过授权共享、定向调用、合规监管等机制，打通政府、企业与科研机构之间的数据壁垒，推动形成高效协同的数据要素市场。

破解数据开放共享难题，不仅是技术挑战，更是制度重构过程。必须以顶层设计为引领，协同推进技术创新、治理机制和制度保障，才能真正释放数据资源潜力，夯实数字经济高质量发展的底座。

063 数字经济如何提升智慧社会建设水平?

数字经济通过数据驱动、技术赋能与平台整合，全面提升智慧社会的建设水平，推动社会治理、公共服务与生活方式的转型升级。智慧社会以信息基础设施为底座、以数据要素为核心、以智能应用为牵引，构建起人本化、智能化、协同化的新型社会运行体系，而数字经济正是其关键支撑力量。

数字基础设施的建设为智慧社会提供坚实支撑。5G、千兆光网、工业互联网、数据中心等新型基础设施提升了社会运行的感知能力、计算能力与网络承载力，实现城市空间、基础设施、设备与个体的全面互联。边缘计算和云计算构建起高效的数据处理网络，为各类智慧应用提供实时响应与算法支持。

智慧治理是数字经济推动社会变革的关键领域。通过数据共享平台与城市大脑系统，政府部门打破信息壁垒，实现数据资源整合、业务协同与智能决策。大数据分析助力精准施策，提升应急管理、社会保障、城市管理等多领域的治理效率。AI与物联网技术支撑智能监控、交通调度、环保管理等场景，实现从被动响应到主动预测的治理模式升级，增强政府治理的现代化水平。

在公共服务领域，数字经济促进服务模式从“群众找服务”向“服务找群众”转变。智慧医疗实现在线问诊、电子处方、远程影像分析等功能，缓解资源不均与排队压力。智慧教育通过AI教学、在线课堂、个性化学习平台扩大优质教育资源覆盖面，提升教育公平与效率。智慧政务推动一网通办、一窗受理，让群众办事更方便、更快捷。

社区层面的智慧生活场景也在不断丰富。智能安防、智慧养老、智慧家居、智慧出行等应用全面融入居民生活，提升生活质量与安全感。通过手机App、小程序、语音助手等便捷终端，用户可随时获取服务，实现高效交互与数字化体验。数字身份系统与移动支付体系打通服务入口，构建起覆盖多维场景的数字生活生态。

数字平台经济推动社会资源共享与灵活配置。共享出行、共享办公、众包服务等新模式打破行业边界，优化社会资源利用结构，激发个体参与公共价值创造的积极性。平台通过大数据算法进行供需匹配，提升社会运行效率与经济包容性，推动就业结构多样化与灵活化。

智慧社会建设也离不开数字安全保障体系。数字经济推动密码技术、区块链、网络安全防护等在社会管理系统中的广泛应用，增强社会系统的风险感知与应对能力，保障关键基础设施与数据资源安全，提升公众对智慧系统的信任度。

数字经济正在把社会各领域连接成一个数据驱动、智能运行的整体系统。通过打通信息、整合资源、优化流程、提升体验，实现社会运行方式的根本变革，使治理更加高效、服务更加普惠、生活更加智慧，推动智慧社会从技术应用走向系统升级与持续创新的新阶段。

第六章

全球数字经济发展

064　全球数字经济政策发展呈现哪些趋势?

全球数字经济政策发展呈现出战略化、系统化和协调化的显著趋势。各国普遍将数字经济纳入国家发展战略，通过制订顶层规划、设立专门机构和加大基础设施投资，推动数字技术在经济社会各领域的深度融合。数据治理成为政策核心，个人信息保护、数据确权与跨境流动规则正加快建立，呈现出加强主权监管与促进全球互通并存的格局。

监管政策趋于精细与动态调整，平台经济、人工智能、数字金融等新兴领域的监管机制逐步完善，注重在鼓励创新与防范风险之间寻求平衡。绿色低碳与数字融合成为新方向，多国在推动绿色数字基础设施、能效算法与低碳技术发展方面出台支持政策。

数字包容性被高度重视，政策强调弥合城乡、群体与区域间的数字鸿沟，推动全民数字素养提升与中小企业数字化赋能。在国际层面，多边合作机制不断深化，围绕数字贸易、数据治理、网络安全等议题的协调力度增强，推动形成更加开放、公平、可持续的全球数字治理新体系。

065 主要国家数字经济发展战略体系如何构建和完善？

主要国家在构建和完善数字经济发展战略体系时，普遍采取顶层设计引领、政策体系配套、跨部门协同推进的方式，推动数字技术与经济社会深度融合。通过国家级战略文件设定发展目标、重点领域与实施路径，形成系统性、可操作的发展框架。例如，美国以“技术领先”与“数字安全”为核心，构建以人工智能、半导体、网络基础设施为支柱的战略体系。欧盟强调“数字主权”，推动统一数字市场、数据治理和可持续技术创新。

战略体系建设注重制度支撑，涵盖数据确权、隐私保护、平台监管、数字税制等关键规则。通过立法与标准制定，强化政策执行力与市场规范性。基础设施投资与关键技术研发成为保障重点，围绕5G、算力网络、工业互联网等领域加大投入，提升数字能力底座。

国家在战略体系中强化跨部门协作与区域联动机制，形成中央统筹、地方实施的推进格局。人才培养、数字教育与包容性政策同步跟进，确保数字化成果广泛惠及社会各阶层。国际合作机制也被纳入战略体系，推动数字经济全球治理和标准互认，实现数字发展与全球竞争力同步提升。

066　全球数字经济在关键领域有何显著进展？

全球数字经济在多个关键领域取得显著进展，推动了新一轮科技革命和产业变革。人工智能持续突破，通用大模型在语言理解、图像生成、智能决策等方面广泛应用，催生出智能客服、智能制造、辅助医疗等新服务形态。AI算力基础设施布局加快，AI芯片、自主算法与边缘计算协同发展，支撑智能应用大规模落地。

5G网络全球部署提速，推动车联网、智慧城市、远程医疗等新型场景广泛应用，增强数字基础设施对高频数据传输与低延迟服务的支撑能力。部分国家已启动6G技术预研，为构建万物互联环境奠定基础。云计算与数据中心产业加速扩展，成为中小企业、平台企业实现数字化转型的基础保障。

数字贸易快速增长，跨境电商、数字支付、远程服务等新业态蓬勃发展。多个国家推动数字贸易协定签署与跨境数据流规则制定，促进数字要素全球化配置。区块链技术在供应链溯源、金融科技、数字版权等领域实现多点突破，增强信任机制与交易透明度。

绿色数字技术受到高度重视，能效算法、低碳数据中心、绿色算力等创新持续推进，助力实现数字经济与可持续发展的协同。网络安全与数据治理体系逐步完善，数据隐私保护法律在全球多国出台，平台监管、数字税收与算法透明度治理进入制度化阶段。

数字普惠水平不断提升，全球互联网用户持续增长，发展中国家数字基础设施覆盖扩大。在线教育、移动支付、智慧医疗等数字服务覆盖城乡，推动数字红利向更广泛的人群延伸。数字经济在全球抗疫、恢复经济增长与推动社会公平中发挥关键作用，已成为世界经济结构性变革的重要引擎。

067　数字资本如何成为推动全球经济增长的关键力量?

数字资本作为数字经济时代的新型核心生产要素，正逐步成为推动全球经济增长的重要力量。它不仅包括数据、算法、平台、算力等数字资产，也涵盖依托这些资产所构建的商业模式与生态体系。与传统资本相比，数字资本具备可复制性强、边际成本低、价值创造速度快的特点，显著提升了资源配置效率和创新驱动能力。

数据作为数字资本的核心资源，通过深度挖掘与智能分析，催生了精准营销、智能制造、智慧城市等新业态，带动全产业链升级。平台型企业利用数据与算法整合供需资源，重构传统行业结构，提升全球市场联通性与交易效率，推动数字贸易、跨境电商与远程服务快速发展。

数字资本加速了知识与技术的扩散，降低中小企业进入高技术领域的门槛，激发创新活力。算力基础设施与开源算法平台的普及，使不同国家和地区共享数字成果，缩小技术发展差距。数字资本还重构了全球产业链分工，推动“数据即资产”的理念成为共识，形成新的经济增长范式。

在数字主权、数据治理和规则制定方面，数字资本也引发全球治理体系的重构，成为国际竞争与合作的关键变量。谁能率先构建有效的数据资产管理体系与数字资本运作机制，谁就能在全球经济新格局中掌握主动权。

068 数字技术产业创新发展如何引领全球数字经济？

数字技术产业的创新发展正成为引领全球数字经济的核心动力，它通过不断突破关键技术瓶颈、重构生产关系和激发新兴业态，推动全球经济体系向高效、智能、绿色转型。以人工智能、区块链、云计算、物联网、5G等为代表的核心技术，已深度嵌入工业、农业、金融、医疗、教育等领域，推动传统经济向数字化、网络化、智能化加速演进。

人工智能技术驱动商业智能决策、智能制造与智慧服务快速发展，大模型和多模态AI不断提升生产效率和服务能力。云计算和边缘计算构建起弹性可扩展的算力基础，推动数据要素的大规模聚合与高效利用，为企业数字化转型提供低门槛支撑。物联网打通设备、系统与人之间的连接，实现全过程可感知、可分析、可控制的智能管理，推动产业链向柔性化与绿色化转型。

数字技术创新也催生了平台经济、共享经济、元宇宙、数字孪生等新型商业形态，拓展了数字经济增长空间。新业态打破行业边界与时间空间限制，重构价值链结构，激发消费潜力与服务供给能力，推动全球资源配置更加高效。

技术创新还提升了全球产业链的联通水平，构建跨境数据流、数字贸易和全球协同创新网络。数字技术使得中小企业能够跨越传统壁垒参与全球市场，提升全球经济包容性和韧性。在绿色低碳发展趋势下，数字技术也助力“双碳”目标，通过能效算法、智能调度、绿色数据中心等手段，推动可持续发展。

全球范围内的数字技术竞赛也正在推动国际规则与治理体系的演进。标准制定、数据安全、算法伦理等问题成为全球共识的焦点，谁能在关键技术创新与制度引领上取得先机，谁将在全球数字经济格局中占据主导地位。数字技术产业正以强大的驱动效应、辐射效应和集成效应，引领全球经济迈入以技术为核心的新发展阶段。

069 全球数字经济治理面临哪些挑战?

全球数字经济治理正面临规则缺失、利益分化、技术滞后与信任缺口等多重挑战，制约着数字化红利的公平释放与全球合作的稳定推进。当前，全球尚未形成统一的数据流通、跨境监管和平台治理标准，各国在数据主权、隐私保护、网络安全等方面分歧明显，导致政策碎片化和治理体系割裂，难以支撑数字经济的高效协同与互联互通。

平台企业跨境运营能力日益增强，监管边界却相对模糊，造成监管套利与规则真空，形成垄断风险、数据滥用与算法歧视等问题。国际治理机制尚未有效应对这些新兴风险，现有制度多源于传统贸易体系，难以覆盖数字经济新特征。

技术更新速度远超政策响应周期，人工智能、区块链、元宇宙等新技术不断演化，相关伦理、责任与合规问题滞后跟进，易引发滥用、操控和不正当竞争。部分国家以数字技术为工具强化地缘政治博弈，推动“数字壁垒”与技术脱钩趋势，使全球数字经济面临分裂风险。

数字鸿沟持续存在，发展中国家在基础设施、人才、数据资源等方面处于不利地位，难以在全球治理中平等发声，导致在规则制定中存在“强者优先”的偏向。平台经济的全球扩张也加剧了劳动权益不平等与数据价值分配不均，进一步加深了社会不公。

构建包容、公平、有效的全球数字治理体系，须加强多边协商、标准互认与机制创新，推动形成平衡技术创新与公共利益的治理框架，实现共建共享的数字未来。

070　如何加强全球数字经济合作？

加强全球数字经济合作，关键在于推动制度协调、技术互联与发展共享的多层次协同。面对数据跨境流动、平台治理、数字税制等核心议题，各国须在坚持数字主权与国家安全底线的同时，扩大合作共识，建立统一、透明、可执行的国际规则体系，提升全球数字治理的规范性和包容性。

多边机制应发挥主导作用，推动G20（二十国集团）、

OECD（经济合作与发展组织）、WTO（世界贸易组织）等组织在数字贸易规则、数据治理框架、跨境支付标准等方面加强政策协调，减少重复监管与制度冲突。区域性合作也可成为试验场，通过推动《数字经济伙伴关系协定》（DEPA）等开放性机制，探索高标准、可复制的治理路径，为全球合作提供实践经验。

技术互联是合作的基础。推动基础设施共建、数据中心互通、标准接口兼容，能够降低跨国企业运营成本，提升全球数字经济一体化水平。重点领域如5G、人工智能、云计算等技术，应通过开放创新平台、联合实验室和标准组织，建立知识共享机制，提升全球创新资源配置效率。

发展共享是实现长期合作的保障。应通过国际援助、产业对接和人才培训等方式，缩小发展中国家与发达国家之间的数字鸿沟，增强全球南方国家的数字经济参与能力与受益水平。加强数字包容性，推动技术普及与能力建设，让更多国家、企业与个人成为数字合作的受益者与建设者。

构建以信任为基础的合作机制至关重要。各国应加强网络安全协同、防范跨境数据风险、保障平台责任共担，在开放合作中强化共治理念，避免“数字冷战”或技术孤岛，推动全球数字经济在信任中合作、在合作中共赢。

071　主要国家数字经济发展状况如何？

主要国家在数字经济领域发展迅速，已形成各具特色的发展格局，涵盖技术创新、产业数字化、平台经济、数字治理等多个方面，成为全球经济结构重构的重要引擎。

美国是全球数字经济的引领者，拥有强大的科技创新能力和成熟的数字产业体系。以硅谷为代表的科技集群，聚集了大量互联网巨头和独角兽企业，云计算、大数据、人工智能等领域处于领先地位。数字平台如亚马逊、谷歌、Meta在全球范围内建立了广泛的数字生态，推动在线零售、广告、内容、支付等多种数字服务的全球化扩展。美国重视数字竞争战略，通过政策、投资和全球标准引导，持续保持技术主导权。

欧盟则强调数字主权与可持续发展，推动构建统一的数字单一市场。在人工智能、数据治理、数字隐私保护等方面建立了较为完善的法律体系，如《通用数据保护条例》（GDPR）和《数字市场法案》，以保障公民权利与促进平台公平竞争。欧盟还大力发展绿色数字基础设施，强调低碳算力和数字技术在气候治理中的应用，力图在“负责任的数字经济”路径上发挥引领作用。

中国是全球数字经济增长最快的国家之一，数字基础设施覆盖广泛，互联网用户数量世界第一。以移动支付、电商平台、短视频社交为代表的应用创新全球领先，产业数字化水平不断提升。阿里巴巴、腾讯、字节跳动等企业构建了覆盖消费、金融、文娱、物流等多领域的数字生态系统。中国在5G、人工智能、区块链等前沿领域持续推进技术研发与场景落地，同时加快数据要素市场建设，推动数字经济规范发展和治理能力现代化。

日本在数字制造、智能机器人与物联网技术方面具有深厚积累，推动“社会5.0”国家战略，强调数字技术与实体经济的深度融合，以解决老龄化、城市化、环境保护等社会问题。政府推进数字厅改革，致力于提升行政效率与公共服务数字化水平。

韩国具备良好的数字基础设施与创新环境，尤其在半导体产业与5G商用方面领先全球。数字文化内容出口强劲，推动韩流产业数字化转型。政府倡导“数字新政”，加强数据平台建设、人工智能教育和产业生态扶持，提升国家数字竞争力。

新加坡、以色列、加拿大等国家也在特定领域展现出强劲竞争力。新加坡以数据开放与治理透明为特点，构建智慧城市和数字金融中心；以色列依托强大的创新生态推动网络安全和数字医疗发展；加拿大重视技术伦理与数据权益，推动包容性数字经济建设。

总体来看，主要国家的数字经济发展均围绕国家战略、安全保障与全球竞争展开，呈现多元路径和治理理念的分化。全球正在进入一个由技术、规则与生态共同驱动的数字经济新格局，竞争与合作并存的趋势愈发明显。

072　全球数字经济的发展对我国有何借鉴意义？

全球数字经济发展的实践表明，推动数字经济高质量发展不仅依赖技术突破，更需战略引领、制度保障和生态构建的协同发力。这些经验对中国具有重要的借鉴意义。

从全球看，数字经济已被各国纳入国家发展核心战略。美国通过科技创新保持全球领先地位，欧盟推动构建统一的数字单一市场，日本强调数字技术与社会治理的深度融合，新加坡发展数字政府与智慧城市，形成政策主导、系统推进的格局。中国可进一步优化顶层设计，完善数字经济发展规划与部门协同机制，增强政策连续性和执行力，打造统一开放、高效协调的数字发展体系。

数据资源的制度化管理是发达国家经验的核心组成部分。欧盟通过《通用数据保护条例》（GDPR）构建了严格的数据治理体系，美国则强调市场驱动和创新环境平衡。中国在加快培育数据要素市场的过程中，应加强数据确权、分类分级、合规使用和跨境流动等制度建设，推动形成权责清晰、机制顺畅、可持续运营的数据生态，为释放数据价值提供制度保障。

在技术基础设施方面，全球数字经济强国普遍注重算力、网络和平台协同发展。美国在云计算和人工智能领域构建了强大底座。韩国实现全国5G覆盖并带动产业升级。欧洲正在打造“绿色算力”系统。中国应持续推进“东数西算”等重大工程，加快低碳、高效、智能的算力网络体系建设，增强对智能制造、智慧城市、数字乡村等场景的支撑能力。

数字创新生态是驱动全球数字经济持续发展的核心引擎。以色列、新加坡等国家通过加强研发支持、优化营商环境、强化成果转化，加快高科技企业孵化和成长。中国可深化产学研协同，发挥国家重大科技平台作用，增强中小企业创新能力，鼓励平台企业向技术型、服务型转型，推动形成竞争有序、创新活跃的市场生态。

人才是数字经济发展的根基。发达国家注重从基础教育到高端人才培养的全过程支持，构建多层次数字技能体系。中国应强化数字教育基础设施建设，深化人工智能、大数据、网络安全等重点领域人才储备，通过在线教育、职业培训等方式提升全民数字素养，缓解技能结构与产业需求的错配。

数字治理与国际合作也是重要经验。欧美国家在推动技术标准、平台监管、数字税收等方面积极引导全球治理议程。中国应加快参与全球数字经济规则制定，推动多边平台下的治理协调，推动构建开放、公平、安全、可信的国际数字环境，提升我国在全球数字治理中的制度影响力和话语权。

借鉴全球经验，中国数字经济发展可进一步强化战略统筹、优化制度供给、增强技术支撑、激发创新活力、扩大人才供给、深化国际合作，打造具有全球竞争力的数字经济体系，推动经济转型升级与高质量发展持续向前。

第七章

企业转型与案例

073　特斯拉的工业大模型如何优化智能制造?

特斯拉通过构建工业大模型，实现了制造流程的智能化、精细化与高效协同。依托强大的数据采集系统，工厂内成千上万个传感器实时收集设备状态、工艺参数与环境变化等信息，输入工业大模型进行动态分析与预测。模型可基于历史数据和实时反馈，自动优化生产节奏、工艺流程与能耗配置，提高产线柔性与资源利用效率。

在装配环节，大模型通过模拟和仿真构建数字孪生工厂，实现设备、机器人与物流系统的智能调度。这一机制确保整车生产各环节在变化条件下依然保持高度协同，有效减少瓶颈与等待时间。模型还参与自动化质量检测，借助视觉识别和深度学习技术，实时识别缺陷、预测风险，并实现故障的快速溯源与反馈调整。

特斯拉将工业大模型与用户反馈、车载数据联通，构建从制造到使用的全生命周期闭环优化系统，使工厂具备持续学习与自我进化能力。这种深度融合模式显著提升了智能制造效率、产品质量与市场响应速度，代表了未来制造业数字化转型的重要方向。

074 拼多多社交电商模式背后的数据驱动逻辑是什么?

拼多多的社交电商模式本质上依赖强大的数据驱动逻辑，通过深度挖掘用户行为、社交关系与消费偏好，实现低成本获客、高频次转化与高效供应链匹配。平台在运营中采集用户浏览、点击、分享、拼团、评价等全链路数据，建立多维度用户画像，精准识别需求与兴趣偏好，从而进行个性化内容推送与商品推荐。

社交裂变是拼多多的重要增长引擎，其核心在于对社交网络数据的深度利用。平台利用微信等社交平台中的用户关系链，通过拼团、砍价、红包等机制激励用户主动分享，形成指数级传播。每一次社交互动都反哺给平台新的数据，用于模型训练与推荐算法优化，强化“人找货”与“货找人”的精准匹配效率。

拼多多采用强算法驱动的去中心化推荐体系，通过千人千面的商品排列与促销机制，将长尾商品与用户潜在兴趣进行智能对接，提升商品曝光与转化率。平台对用户的购买频次、购买时间、支付方式与商品偏好等数据进行分析，不断迭代推荐策略，使得用户在低价高性价比的环境中形成高黏性消费路径。

在供应链层面，数据驱动也贯穿采购、定制、库存与物流管理。拼多多通过用户搜索、拼单趋势与评价信息，精准预判商品热度与区域需求，引导商家进行柔性生产与库存分配，降低供需错配风险。平台还建立“产销一体”的数据通路，反向推动上游产业带优化生产结构，实现小规模定制与快速交付。

数据还支撑平台在风险控制、用户分层、补贴策略等方面的动态决策。通过模型分析用户活跃度、信用评分与行为特征，平台可实施差异化补贴、限时优惠与流量倾斜，提高ROI并优化整体经营效率。

拼多多的社交电商模式并非简单的流量叠加，而是一个以数据为核心驱动力、以社交为传播机制、以算法为推荐基础、以供应链为效率支点的闭环系统，展现了数据驱动下的新型电商范式与商业逻辑。

075 宁德时代数字化转型对新能源产业链的带动效应如何?

宁德时代的数字化转型对新能源产业链产生了显著的带动效应，体现为技术赋能、效率提升与生态协同等多个层面。通过构建数字化制造体系和智能运营平台，宁德时代实现了从原材料采购到电池生产、检测、回收的全流程数字化管理，极大提升了产线效率、质量稳定性与成本控制能力。这种高水平的数字能力对上下游企业形成示范效应，加快了产业链整体数字化进程。

在原材料端，宁德时代借助大数据平台优化采购模型和供应商管理，推动锂、钴、镍等核心材料生产企业加快信息化系统建设，实现产供需的精准对接与透明协同，降低了资源浪费与库存成本。电池制造环节通过智能工厂和工业互联网平台实现设备联网与数据闭环管理，促使设备制造商加快智能装备研发，提高国产装备在新能源领域的适配率与渗透率。

在应用端，宁德时代将电池全生命周期数据与车企、储能企业共享，推动整车厂实现更精准的能耗管理与售后监控。通过构建电池健康管理系统和梯次利用平台，提升了电池产品附加值和回收体系的效率，带动回收企业实现数字化升级，推动循环经济生态。

宁德时代还通过自主开发的能源管理系统与云平台推动储能系统智能化，为电网、工商业用户提供优化调度与能效管理方案，带动能源服务商提升算法、数据管理与系统集成能力，推动上下游协同创新。其在技术标准、平台接口与数据模型方面的输出，加速了新能源产业链的数字融合和智能协同，构建起开放、高效、可持续的产业生态。

076　海尔“灯塔工厂”的数字化转型路径对其他制造业企业的启示？

海尔“灯塔工厂”的数字化转型路径为制造业企业提供了可复制的范式，体现出以用户为核心、以数据为驱动、以平台为支撑的转型逻辑。其核心在于通过构建“端到端”互联互通的数字体系，实现产品设计、生产、供应链、服务全流程的智能协同与持续优化。

海尔通过COSMOPlat工业互联网平台打通研发、制造与用户需求之间的数据链路，实现大规模定制。用户参与产品设计环节，平台根据实时反馈优化生产方案，推动制造模式从“以产定销”向“以需定产”转变，极大提升了市场响应速度和客户满意度。这种模式为传统制造业提供了转型思路，即以用户数据为入口，重构产品价值链。

在生产端，海尔依托物联网、AI与边缘计算构建数字孪生工厂，实现设备、工序与人力的动态感知与智能排产。生产流程高度可视化与实时优化，不仅提升了良品率与能效水平，也增强了工厂在面对小批量、多品种订单时的灵活性与韧性。制造企业可借鉴其在关键工艺智能化、质量管理在线化方面的实践，推进柔性化与精益化并重的运营体系。

海尔还建立了开放协同的产业生态，通过平台赋能上下游中小企业共享数字能力与服务资源，形成共创、共生、共赢的工业互联网生态系统。这启示制造企业应重视平台思维与生态建设，不局限于内部优化，而是推动整个供应链、产业链协同升级，形成多主体共同参与的价值网络。

海尔“灯塔工厂”所展现的数字转型路径，不仅是一场技术升级，更是组织重构与模式创新，为制造业迈向智能化、服务化、绿色化提供了现实样本与战略指引。

077　京东如何通过物流与供应链数字化转型？

京东通过物流与供应链的数字化转型，推动了全程智能化管理，从仓储、运输到配送等各个环节都实现了数字化、自动化和智能化，从而显著提升了其运营效率和客户体验。具体而言，京东通过以下几个方面实现了物流与供应链的数字化转型。

（一）智能化仓储管理

京东的智能仓库利用了自动化技术和机器人技术，提高了库存管理和分拣效率。其仓储系统通过机器视觉、自动化搬运机器人、AGV（自动导引车）等技术，自动完成商品的存取、分拣和打包操作，显著降低了人工出错率并提高了处理速度。比如，京东的“无人仓”可以在较短时间内完成大量订单的拣货、包装和出库处理。

（二）大数据与AI预测

京东通过收集并分析用户的历史购买数据、订单行为和市场需求等信息，利用大数据技术对商品的需求进行精准预测。这些预测结果帮助京东精确地调配库存、制定采购计划和调整物流线路。例如，京东能预测出哪些商品的需求量会增大，并在相关仓库提前备货，从而减少了缺货或库存过剩的风险。

（三）智能配送与动态调度

京东通过数字化调度系统，对配送路线进行智能化优化，减少了配送过程中的空驶、绕行等无效环节，提升了配送效率。该系统根据实时的交通、天气、订单密度等信息动态调整最优配送路径。此外，京东还投入了无人车、无人机等创新配送工具，在特定区域和情况下提高了“最后一公里”配送的效率。

（四）全程可视化物流

京东利用数字化平台提供实时的物流跟踪系统，客户可以随时查看订单从仓库出发到最终送达的全过程。这一系统不仅提高了用户的满意度，也帮助京东及时发现潜在的物流问题，如配送延误或货物损坏，进而提前采取补救措施。

（五）供应链协同与透明化

京东通过其“京东物流”平台，将供应链各个环节连接起来，实现了从供应商到仓库、再到配送的无缝衔接。供应链的数字化协同让商家和京东实时共享库存信息，及时响应市场需求，减少了库存积压，提高了生产和物流的响应速度。

（六）物流网络的智能化布局

京东不断完善和扩展其物流网络，在全国范围内布局智能仓储中心、分拣中心、配送中心等，形成了一个高度数字化、自动化的物流网络。这一网络的建设提高了京东在不同地区的响应能力，确保了订单能够更快更准地送达消费者。

（七）总结

京东通过物流与供应链的数字化转型，建设了从仓储、运输到配送的智能化、自动化全流程，提高了效率、降低了成本，并改善了用户体验。这种数字化转型使得京东能够在大规模的订单处理和复杂的配送环境下，保持高效、灵活和精确的运营，进而增强了在市场中的竞争力。

078 字节跳动算法推荐技术的伦理争议与治理路径有哪些?

字节跳动的算法推荐技术在提升内容分发效率和用户体验方面展现出强大能力，但也引发了一系列伦理争议，包括信息茧房、算法歧视、内容低俗化、用户沉迷和数据隐私问题。这些问题源于算法驱动下的商业逻辑与社会责任之间的张力，亟须在技术治理与制度建设中寻求平衡路径。

信息茧房现象使用户长期暴露在同质化信息中，限制了认知多样性与公共讨论空间，削弱了平台的舆论引导功能。算法歧视问题则体现在对特定群体、观点或内容的系统性忽视或误判，可能造成价值偏差和社会分裂。内容趋于低俗化和极端化，源于算法对高互动率内容的偏好，导致平台生态逐渐被“短、快、爽”信息主导，侵蚀公共文化环境。用户沉迷则反映出平台利用注意力机制延长停留时间，引发未成年人保护和心理健康风险。

在数据隐私方面，字节跳动依托庞大的数据体系构建精准推荐模型，但用户对数据采集范围、使用方式和算法逻辑的知情权和控制权不足，造成信任赤字与合规隐患。尤其在涉及人脸识别、位置追踪、行为预测等高敏感数据处理时，更需明确边界与规范。

治理路径须从技术、平台、监管与社会多维度协同推进。在技术层面，应推动可解释算法、审计机制与反偏见模型的发展，实现算法过程透明化与结果公平性。平台应构建“以用户为中心”的推荐机制，增强用户自主选择权，提供内容来源标识、兴趣标签管理与推荐偏好调整功能，避免算法决定一切。

企业内部需设立算法伦理审查委员会，建立跨部门、跨学科的风险评估机制，对模型开发与更新进行定期审计与伦理评估。平台还应加强内容引导责任，优化推荐逻辑中对公益性、多元性、知识性内容的权重，引导正向价值传播。

在监管层面，应制定明确的算法推荐合规标准与信息透明要求，建立算法备案制度，推动第三方独立评估机构建设，确保算法安全、可控、守法。相关立法应保障用户的数据主权和算法知情权，强化平台在数据收集、处理、使用中的合规义务。

在社会层面，可通过媒体教育与数字素养提升，引导公众理性使用平台，提高对算法影响的辨别能力，形成用户、平台与监管之间的良性互动机制。构建兼顾效率、公平与责任的推荐系统，是算法治理的长远目标，也是平台可持续发展的伦理基石。

079 西门子数字化工业软件在工业互联网生态中的角色是什么？

西门子数字化工业软件在工业互联网生态中扮演着“连接器、赋能者与生态催化剂”的多重角色，通过贯穿产品全生命周期的数据闭环管理，构建起虚拟与现实融合的智能制造体系，为工业企业实现数字化转型提供关键支撑。

其核心价值体现在数字孪生、工业软件集成与平台协同三大能力的融合。西门子通过Teamcenter、NX、Simcenter等工业软件实现产品从设计、仿真、工程到制造的无缝集成，打通研发与生产之间的壁垒，显著提升产品开发效率和质量。通过数字孪生技术，将设备、产线、工艺流程与运营状态映射为可视化的数字模型，使企业在设计阶段就能模拟物理运行逻辑，优化工艺方案并预测潜在故障，降低成本与试错风险。

在工业互联网平台层面，西门子构建了MindSphere这一开放型工业物联网平台，将边缘设备、工控系统与云端数据集成，实现设备互联、数据采集、远程监控与智能分析的全流程闭环。该平台不仅连接西门子自身设备，还支持第三方硬件和软件的接入，推动形成以数据为驱动的工业应用生态。其开放性和标准化能力使之在中大型制造企业中具备广泛适配性，增强了工业系统间的互操作性和数据协同能力。

西门子数字化工业软件还承担着行业赋能者角色。通过面向航天、汽车、电子、电力等重点行业推出定制化解决方案，帮助企业构建端到端的数字化体系，提升精益生产、智能运维和质量管理能力。在“双碳”目标背景下，西门子推动能效优化与碳排放可视化管理，将能源监控、生产管理与可持续发展目标深度融合，为绿色制造提供技术路径。

在工业互联网生态构建方面，西门子不仅输出工具，更构建知识体系和人才体系。通过与高校、研究机构、产业链企业的深度合作，打造覆盖培训、认证与共创的产业联盟，推动工业知识与软件工具的融合应用，形成多层次、可持续的数字化生态网络。

作为传统制造企业与数字科技之间的桥梁，西门子以其深厚的工业基因与前沿的软件能力，在工业互联网生态中扮演着“数字底座”与“创新引擎”的双重角色，不仅提升了自身产品力，也加速了整个制造业向智能化、网络化、绿色化迈进。

080 小米生态链模式如何通过数字化实现跨界协同?

小米生态链模式通过数字化手段实现跨界协同，构建出一个高度融合、数据驱动、用户导向的多元产品生态系统。其核心在于以“平台+数据+场景”三位一体的方式，将制造、研发、供应链、营销和用户反馈等各个环节有效联通，推动多个产业链条之间的协同发展。

在产品研发阶段，小米依托IoT平台和用户数据，实现用户需求的快速感知与产品定义的精准定位。通过对米家

App等平台收集的设备使用行为、偏好数据和交互反馈，小米与生态链企业共同分析市场趋势，优化产品设计与功能组合，实现从用户端反向驱动设计端的快速迭代。这一机制打破了传统制造业的“自上而下”产品逻辑，使跨品类企业在同一套用户洞察体系下协同创新。

在供应链层面，小米构建统一的数字采购、制造与库存管理系统，实现生产节奏与市场需求的动态联动。借助大数据分析，平台可实时监控各类产品的销售、渠道库存与物流信息，快速调整资源配置与生产计划。这种数字化供应链协同不仅提升了库存周转效率，还增强了生态链企业之间的协作能力与风险应对弹性。

在销售与服务端，小米打通电商平台、线下零售、小程序与社群渠道，形成全渠道联动的数据网络。产品一旦上市，平台就能实时跟踪市场表现和用户反馈，并将数据同步至品牌商与代工厂，实现快速响应与升级。同时，智能客服系统与售后管理平台使服务数据闭环融入产品改进过程，增强消费者黏性与品牌信任度。

小米生态链的关键特征在于以“连接”为核心的数字能力，将智能手机、家居设备、可穿戴设备等多品类产品在物理层、数据层与服务层实现互联互通。用户在同一账户体系下管理多个设备，系统通过场景联动和AI算法，提供个性化的使用体验。这种跨品类设备联动催生出新的消费场景与商业模式，形成“1+N”协同效应，使不同企业产品之间形成有机协作。

通过“赋能不控股”的合作机制，小米给予生态链企业在运营上的自主性，同时通过数字平台提供研发指导、流量入口、品牌背书与资本支持。生态企业以自身专业能力聚焦垂直细分领域，再借助小米统一的数据平台和用户体系，实现与其他企业的横向协同。

小米生态链模式通过数字化深度整合资源与信息流，在产品多样化的同时保持运营效率与用户体验一致性，展现出一种新型跨界协作与集群创新的发展路径。

第八章

数字经济投资与发展

081　数字经济发展前景如何？

数字经济正处于持续扩张和深度融合的战略机遇期，未来发展前景广阔，将成为全球经济增长的主要引擎和技术变革的重要支撑。随着5G、人工智能、大数据、云计算、区块链等技术的持续突破，数字基础设施日趋完善，推动各行业迈入智能化、网络化和平台化的新阶段，形成以数据为关键生产要素的新型经济形态。

在产业层面，数字经济将深度改造传统制造、农业、服务业、能源等各类行业，实现从“数字工具辅助”向“数字主导重构”的跃升。工业互联网和智能制造推动生产流程更加灵活与精准，农业数字化提高资源利用率和供应链效率，服务业通过线上化与算法优化实现多元供给和定制服务，形成跨界融合、要素重组的新业态新模式。

数字消费的场景持续拓展，线上购物、短视频直播、虚拟现实体验、数字娱乐、远程办公等新型消费模式加速普及，将释放出巨大的内需潜力与创新红利。数字人民币、数字支付和数字金融服务体系不断完善，构建起新一代的交易系统与信用机制，提升资源配置效率和普惠金融能力。

在社会治理领域，数字技术将赋能公共服务、城市管理和社会治理的智能化转型。通过政务上云、数据共享、AI决策支持，政府部门可实现更高效的资源配置和公共服务供给，提升治理现代化水平。智慧城市、智慧交通、智慧医疗等新型应用将成为数字治理的重点领域，推动形成以人为本、高效协同、持续优化的治理格局。

全球数字经济竞争日趋激烈，技术标准、数据流通、平台规则等将成为国家间博弈与合作的关键议题。未来数字经济发展需更加重视数据安全、技术伦理、绿色低碳和包容性原则，构建开放、公平、可持续的全球治理体系，以实现全球范围内的共享发展。

随着“数字中国”战略深入实施，中国数字经济的体量、创新能力与制度体系将持续优化，成为全球数字经济的重要引领者。数字技术与实体经济深度融合将带动新质生产力持续释放，为经济高质量发展注入强劲动能。

082　行业发展趋势预测有哪些关键指标？

行业发展趋势预测需要依托一系列具有前瞻性、系统性和动态性的关键指标。这些指标不仅反映当前发展状况，还能揭示未来演变路径和潜在风险。

技术创新能力是判断行业持续成长性的核心指标，涵盖研发投入强度、专利数量与质量、技术成果转化率等，体现行业的创新驱动力与竞争壁垒。市场规模与增长率反映行业发展阶段与扩张潜力，结合用户渗透率、消费频次与单位价值变化可识别市场活力与需求结构。

产业链成熟度与协同效率决定行业稳定性和资源配置效率。可通过上游供应稳定性、下游应用广度及企业分工体系等指标评估其内在韧性。政策环境和监管趋势也是重要变量，涉及政策支持力度、行业准入门槛、合规成本与标准化建设，影响行业可持续性与创新空间。

资本投入热度也是趋势风向标，反映风险偏好与市场信心，可通过融资规模、投资轮次与资本集中度进行量化。数字化水平作为新兴领域的通用指标，也逐步成为衡量行业进化能力的关键维度，包括数字基础设施覆盖率、数据要素利用效率与平台化发展程度。

通过上述指标构建综合评价体系，有助于把握行业发展方向、判断周期拐点与发现未来增长极。

083 数字经济行业的投资特性是什么？

数字经济行业具有高成长性、高不确定性与强技术依赖等投资特性，表现出与传统行业显著不同的资本运行逻辑。其核心资产多为数据、算法、平台和用户资源，具有轻资产、可复制性强和规模效应显著的特点，导致投资回报呈现出“赢者通吃”与“马太效应”并存的局面。

在早期阶段，数字经济企业通常依赖高速扩张与用户积累获取市场份额，盈利能力较弱，但一旦形成网络效应与平台黏性，后续边际成本大幅下降，盈利能力迅速释放。投资回报周期呈现出长潜伏、快爆发的非线性路径，考验投资者对商业模式、技术路线和政策环境的前瞻判断。

技术更迭速度快是数字经济的重要特征，导致赛道变化频繁，传统估值模型难以适用。投资者需关注技术储备、研发能力与团队迭代速度等软性指标，以识别具有可持续竞争力的标的。数据安全、算法伦理与监管政策也成为影响投资风险的重要因素，要求资本具备对合规趋势的高度敏感性。

整体而言，数字经济行业投资具备“高风险—高回报—高波动”的属性，强调对创新周期、用户价值和生态构建能力的深度理解，是对投研能力与战略眼光的高度挑战。

084 DeepSeek的出现对数字经济有什么影响？

DeepSeek的出现对数字经济带来了多维度的推动效应，既加速了人工智能技术的演进，也为产业数字化注入新动能。在大模型技术迅速迭代的背景下，DeepSeek以其中文语义理解、知识记忆能力和长文本生成优势，拓展了大模型在教育、科研、政务、金融、制造等行业的应用深度与广度。

在内容生产与知识服务领域，DeepSeek推动了文本生成从信息复制向知识创造跃升，赋能内容产业实现规模化、个性化与高质量输出，带动媒体、出版、教育培训等行业的生产方式和商业模式变革。企业可以借助DeepSeek构建智能客服、市场营销、用户交互等AI助手，降低人工成本，提升运营效率与用户体验，增强服务智能化水平。

在软件开发与数字工具链方面，DeepSeek-Coder模型具备出色的代码生成和自然语言编程能力，使开发流程更自动化和高效化，降低了技术门槛，助力中小企业与非技术人员快速参与数字产品开发，推动“全民开发”与低代码平台的发展，为数字经济带来更广泛的参与基础。

在政务与公共服务领域，DeepSeek提供的中文语言理解能力有利于提升智能政务系统的响应能力与人机交互体验，优化政务流程和政策咨询服务质量。尤其在舆情监测、政策解读、文案编撰等方面，可大幅提升处理效率，提高政府治理的智能化水平。

在制造与工业领域，DeepSeek可作为工业知识库构建与人机对话系统的底层支撑，辅助工程师进行故障诊断、技术文档生成与智能培训，加快知识在生产系统中的转化与沉淀，推动产业向智能化、知识密集型转型。

DeepSeek还为数据要素市场注入新动能，其模型训练和推理过程中对高质量数据的依赖，推动了结构化、半结构化数据的资产化与治理机制建设。同时，其对企业数据的深度挖掘能力也加快了数据驱动型决策文化的形成，促使企业重视数据价值的挖掘、管理与变现。

模型国产化进程中，DeepSeek作为中国本土大型语言模型代表，有助于提升国内在数字基础技术领域的自主可控能力，打破对海外模型的依赖，推动形成具有中国特色的人工智能生态体系。其开源策略也促进了开发者社区与产业界的协同创新，激发AI创新活力，形成数字经济发展的新增长极。

总体来看，DeepSeek不仅是一项前沿技术突破，更是推动数字经济体系重塑的关键变量。它推动劳动方式变革、产业组织重构与价值创造模式演进，标志着人工智能与数字经济融合正从工具层向结构层加速推进。未来，伴随模型能力增强与应用生态完善，DeepSeek有望成为数字经济高质量发展的核心驱动之一。

085 数字经济行业的投资风险有哪些?

数字经济行业的投资风险具有高度复杂性和不确定性，主要体现在技术演进、商业模式可持续性、政策监管、数据安全、市场竞争和资本波动等方面，这些因素交织在一起，使得投资决策面临更高门槛和更强的不确定性。

技术快速迭代是数字经济最显著的特征之一。一项技术或平台可能在短时间内获得快速增长，也可能因技术替代或用户偏好变化迅速衰退。大模型、区块链、元宇宙等热点领域的发展路径尚未稳定，技术标准和行业规范仍在演变之中，投资者难以准确预判技术生命周期，从而导致项目估值波动较大或出现“高开低走”的风险。

商业模式不稳定是数字经济企业常见的问题。平台型企业在用户增长早期往往依赖补贴、免费模式吸引用户，盈利能力和长期可持续性存在较大不确定性。部分依赖广告、流量变现或单一业务场景的企业，一旦用户增长见顶或转化效率下降，将面临收入结构失衡与增长停滞的压力。此外，数字产品往往难以形成传统意义上的护城河，竞争者进入门槛低，用户忠诚度波动性大。

政策和监管环境变化对数字经济企业影响显著。数据出境、反垄断、平台责任、算法透明等领域的政策收紧，可能导致平台业务结构被迫调整，甚至出现大规模整改。跨境运营企业还需面对不同国家的合规要求与监管摩擦，增加经营复杂性与合规成本。尤其在人工智能、金融科技、教育科技等敏感领域，政策变化频繁，监管不确定性成为重大风险源。

数据安全与隐私问题是企业的核心合规挑战。数字经济高度依赖数据采集、分析与流通，一旦出现数据泄露、违规使用或用户隐私侵犯，不仅会带来巨额罚款和商誉损失，还可能引发用户信任危机和业务下滑。随着用户数据保护意识增强和相关法规不断完善，企业在数据合规、加密、安全防护方面的投入成本也不断上升。

市场竞争激烈导致企业估值和盈利压力增加。数字经济行业进入门槛较低，创新产品易被模仿，资本大量涌入后引发同质化竞争和价格战，压缩利润空间。头部企业的规模效应和资源集中也加剧了中小企业的生存压力，导致资本集中趋势强化，增加中早期项目的退出难度。

资本市场波动对数字经济企业估值敏感度高。多数企业在成长早期无法实现盈利，估值高度依赖市场预期和增长故事，一旦市场信心减弱或宏观经济环境收紧，融资难度上升甚至出现“断粮”风险。此外，流动性不足、退出机制不畅、估值过高等问题也加大了投资机构的回报不确定性。

综合来看，数字经济行业虽具高成长潜力，但也伴随系统性与结构性风险。投资者需在战略上强化对技术趋势、监管政策和商业逻辑的研判能力，在战术上加强风险识别、动态评估和组合配置，构建多层次、跨周期的风险防控体系，方能在高速变化的数字经济浪潮中实现稳健回报。

086 如何进行数字经济行业的投资价值分析？

进行数字经济行业的投资价值分析，需要从技术潜力、商业模式、市场空间、政策环境、企业能力与风险因素等多个维度构建系统性判断框架，以实现对未来增长潜力与可持续回报的综合评估。

技术潜力是数字经济企业的核心驱动力。分析应聚焦企业所掌握的底层技术是否具备创新性、可复制性与演进空间，包括人工智能、区块链、云计算、大数据、物联网等技术是否具有差异化优势。技术是否已进入商业化阶段、是否能够支撑产品服务的规模化应用，是判断投资价值的基础。需关注技术壁垒是否形成、专利布局是否完整，以及研发投入与成果转化效率。

商业模式决定企业盈利逻辑与扩展能力。判断企业是否具备可持续、可规模化的收入结构，重点关注用户获取成本与生命周期价值之间的关系。平台型企业需评估其网络效应、用户黏性与交易闭环能力，SaaS企业则须关注客户续费率与单客贡献。盈利模式是否依赖补贴、是否易于迁移、是否具备多元收入来源，是评估稳定性的关键指标。

市场空间关系到企业成长的天花板。分析须结合行业生命周期、渗透率变化、用户增速与消费结构升级趋势，对目标行业进行总量估算和结构细分。数字经济常具有“先圈用户、后变现”的路径，因此对目标用户规模、行为数据、付费意愿的理解至关重要。市场集中度与竞争格局的变化也决定了企业未来能否持续扩张份额。

政策环境在数字经济投资中起着导向性与约束性双重作用。须系统评估行业监管趋势、数据安全合规压力、知识产权保护力度与地方产业政策支持度。在数据要素、平台治理、算法透明、跨境数据流动等方面，政策导向直接影响业务模式的合规性与扩张路径。投资价值须与政策友好度挂钩，判断企业能否建立合规经营的能力边界。

企业自身能力是投资价值的落脚点。团队技术背景、管理能力、战略执行力与组织韧性是衡量其长期发展潜力的重要标准。经营数据如收入结构、增长率、毛利率、现金流情况、用户留存与ARPU值等可反映企业运营健康度。是否具备构建生态系统的能力，能否整合上下游资源，是否在产业链中处于关键节点，也是衡量其资本价值的核心依据。

风险因素需纳入综合考量。包括技术更新不确定性、市场竞争加剧、数据滥用风险、估值过高与退出通道不畅等，都可能对投资回报造成波动影响。对商业模式的可验证性与未来现金流的可预测性进行压力测试，是控制投资风险的重要手段。

数字经济行业变化迅速、周期短、创新快，进行投资价值分析时需以动态思维为核心，建立前瞻性强、逻辑闭环清晰、数据支撑充分的分析体系，才能在不确定性中识别真正具备成长性与变现能力的优质标的，实现高质量投资布局。

087　数字经济行业的投资机会在哪里？

数字经济行业的投资机会集中在新兴技术突破、产业数字化深化、数据要素变现、平台生态升级与绿色低碳转型等方向。随着人工智能大模型持续演进，智能应用正从通用场景向垂直行业加速渗透，智慧金融、智能制造、数字政务、AIGC内容生产等领域具备显著增长潜力。

产业数字化转型带来大量技术服务需求，工业互联网、SaaS、低代码平台等工具型企业将持续受益。中小企业数字化渗透率仍处于提升期，为技术供应商与数字运营平台提供扩张空间。数据要素市场建设提速，推动数据采集、治理、交易、安全等环节的基础设施与服务体系形成新赛道。

消费互联网转向存量运营，平台型企业更重视用户价值深挖与多元变现，私域流量、电商内容化、虚实融合等方向出现新机会。数字绿色融合趋势下，碳数据管理、能效监测、智能电网等低碳技术应用场景快速增长。全球化布局中的跨境电商、数字支付和出海SaaS也成为具备高回报的投资窗口。

投资布局须关注技术成熟度、政策匹配度与商业可持续性，优先选择具备行业解决方案能力与生态协同优势的企业，把握数字经济从高速增长向高质量发展的战略红利。

088 如何制定数字经济行业的投资策略？

制定数字经济行业的投资策略，应以产业趋势为导向、技术逻辑为核心、风险管控为底线，构建动态灵活的资产配置体系。围绕国家数字经济发展战略与技术演进路径，识别政策支持明确、技术成熟度高、商业模式清晰的细分赛道，如人工智能、工业互联网、数字医疗、数据安全与AIGC。

策略应强调周期研判与阶段匹配，在技术萌芽期关注核心研发团队与场景落地能力，在成长期关注用户增长与商业模式稳定性，在成熟期关注盈利能力与市场占有率。对于早期项目注重技术壁垒与差异化创新，对于中后期项目更重视现金流、生态协同能力与竞争格局。

资产配置上可采用“核心+卫星”模式，核心部分布局稳健增长型龙头企业，卫星部分关注高弹性、高成长的创新型公司，平衡风险与回报。要加强对政策周期与监管动向的敏感性，设置动态调整机制，避免政策变动带来的系统性风险。

策略执行中应注重投后管理与价值赋能，通过参与公司治理、推动资源对接、优化战略方向等方式提升项目成长质量，实现投资收益的可持续释放。

089　数字经济行业如何实现可持续发展？

数字经济行业要实现可持续发展，必须在技术创新、制度保障、生态协同和社会责任之间形成动态平衡。关键在于推动技术与实体经济深度融合，通过人工智能、大数据、物联网等提升资源配置效率、能源使用效率与产业链协同能力，构建数字驱动的绿色增长模式。

企业应增强数字治理意识，完善数据安全、隐私保护和算法伦理制度，避免平台垄断、信息滥用和算法歧视带来的系统性风险。通过强化数字基础设施与标准体系建设，提升全社会的数字化能力与包容性，让中小企业和弱势群体也能共享数字红利。

政策层面须持续优化营商环境与创新生态，完善数据要素市场、知识产权保护和跨境合作机制，推动形成公平竞争、合作开放的数字经济格局。加强数字技术在公共服务、环境治理和社会保障中的应用，引导数字经济服务国家战略与社会福祉。

实现可持续发展还须强调低碳转型与绿色技术应用，推动云计算、数据中心、AI运算等高能耗环节的能效优化，构建节能环保的数字生态系统。数字经济的发展必须兼顾经济效益、社会价值与生态安全，形成长期健康的增长机制。

090 政府在数字经济发展中应如何引导投资？

政府在数字经济发展中引导投资，应以构建高质量数字生态为目标，聚焦基础设施建设、关键核心技术突破和产业融合应用，发挥财政资金的引导和杠杆效应，带动社会资本投入。

在基础设施领域，应通过专项基金和政策支持，加快布局算力中心、5G网络、工业互联网平台、数据交易平台等关键节点，构建高效、安全、绿色的数字底座。对于人工智能、区块链、操作系统、芯片等“卡脖子”领域，政府可设立研发补贴、风险投资引导基金，支持企业和科研机构突破关键技术瓶颈，增强国家数字经济自主创新能力。

针对中小企业和初创项目，应通过设立专项投资计划、科技金融支持工具和税收优惠政策，降低融资门槛，激励其参与数字化转型和技术研发。对具备示范效应的项目，政府可采取以奖代补、政府采购、先行试点等方式降低投资风险。

同时应推动政产学研用协同，打造创新平台和产业集群，营造有利于资本长期布局的创新生态。建立健全数字经济投资项目评估机制，加强对投资方向的科学引导和风险监管，确保资源投向真实需求与可持续领域，避免短期逐利与无序扩张。

第九章

数字经济的未来展望

091　未来数字经济的发展趋势是什么？

未来数字经济的发展将呈现出智能化深化、融合化扩展、绿色化演进与制度化治理等多维趋势，构建一个以数据为核心驱动力、以技术创新为支撑、以高质量发展为导向的新型经济生态体系。

智能化是未来数字经济演进的核心方向。随着大模型、生成式人工智能、多模态学习等技术的突破，数字经济将从“自动化”迈向“智能决策”，推动各类业务场景深度智能化。产业层面将加快向AI驱动的生产模式转型，制造、物流、金融、医疗、教育等行业的流程将由算法重构，形成以感知、预测和自学习为特征的新型组织逻辑。虚拟人、数字员工、AI合伙人等形态将不断普及，提升组织效率与服务能力。

融合化将体现在数字技术与实体经济的加速融合。未来数字经济将从“平台经济”向“产业数字化”转型，从消费互联网拓展至产业互联网，推动制造业、农业、建筑业、能源业等传统行业的全面数字化重构。通过工业互联网、边缘计算、数字孪生等技术构建“数字—物理”融合系统，实现产品研发、工艺控制、供应链协同与售后服务的全流程闭环管理，提升实体经济韧性与创新力。

绿色化趋势将在数字基础设施与应用系统中持续强化。未来数据中心、智能终端、算力网络等关键节点将全面推进低碳转型，绿色算法、能效管理、可再生能源协同调度等技术将成为标准配置。数字技术还将深度嵌入碳排监测、绿色金融、资源循环等领域，助力“双碳”目标实现，形成技术驱动的绿色发展新路径。

制度化治理将成为数字经济可持续发展的根基。数据确权、跨境流动、算法伦理、平台责任等问题将推动全球和区域治理机制持续完善。各国将强化对关键数据、平台经济、人工智能的法律法规建设，建立公平竞争的市场秩序和可信可控的数据环境。中国将持续推进数据要素市场制度化、数据资源确权和分级分类管理，推动政府、企业与社会共建共享的数据治理格局。

平台生态将从“中心化”走向“去中心化—多元化”并存，数据资产将以更灵活形式流动与交易。区块链与Web3.0等新范式将在数据确权、数字身份和价值交换中发挥作用，催生出更多去中心化协作平台与信任机制，重塑内容分发、社交、金融等核心业态。

全球竞争格局也将因数字经济重构。各国围绕算力基础设施、AI能力、数据治理与数字标准展开深层博弈，数字经济不再是单一领域竞争，而成为国家战略综合实力的集中体现。未来，技术主导力、标准引领力与制度适应力将共同决定国家在全球数字经济中的位势。

总体来看，未来数字经济的发展趋势体现为从“以技术为突破”向“以体系为驱动”跃升，从“要素推动”向“结构重构”演进，从“局部优化”向“系统协同”扩展，是一场深刻的经济形态、生产范式与治理方式的系统性变革。谁能率先完成数字化能力的全面构建与制度支撑体系的完善，谁将在新一轮全球经济格局中掌握发展主动权。

092　数字经济如何助力全球经济复苏和增长？

数字经济在推动全球经济复苏和增长方面发挥着战略性引擎作用，通过重构生产体系、激发新型消费、优化资源配置与促进跨境协同，提供了高效、灵活、可持续的增长路径。在后疫情时代，全球面临供需不平衡、产业链受限与通胀压力等挑战，数字技术成为破解结构性难题、重塑经济活力的关键工具。

数字经济以数据为核心生产要素，通过人工智能、云计算、大数据、物联网等技术提升生产效率和组织能力，为传统行业注入新动能。制造企业通过工业互联网实现设备互联、工艺优化和远程运维，降低人力成本、减少能耗并提升产能响应速度，帮助产业链稳定运行。农业领域的精准种植、智能灌溉和数据预测技术推动农业增效稳产。服务业借助数字化转型扩展线上渠道，实现非接触式服务与多元商业模式，重建消费信心。

数字平台带动消费结构优化与新型就业创造。电商、短视频、直播带货等新业态在全球兴起，为中小企业、个体商户提供低成本触达市场的通道，推动消费从线下向线上延伸，刺激内需扩张。平台经济与零工经济的发展也为失业人群提供灵活就业机会，在一定程度上缓解了结构性就业矛盾。数字支付、数字货币与智能金融服务的普及提升金融包容性，推动普惠金融与中小微企业融资便利化，增强市场活力。

数字经济重构全球贸易体系。跨境电商、数字服务贸易、远程协作平台降低了交易门槛与成本，让更多发展中国家和中小企业有机会参与全球市场。虚拟产品、SaaS订阅、在线教育、远程医疗等新兴出口形态不断涌现，为全球贸易增长注入新动力。数字基础设施的互联互通强化了产业链协同能力，提升供应链透明度与抗风险能力，有助于全球供应链重塑和恢复。

全球合作中的数字经济也成为治理与创新的桥梁。数据跨境流动、技术标准制定与数字治理机制正成为新兴合作领域。数字技术在气候监测、绿色金融、智慧能源等方面的应用助力全球可持续发展目标，加快绿色转型进程。智能调度、碳排管理、能效算法等推动数字与绿色融合发展，为经济复苏注入可持续动力。

各国政府加快数字基础设施投资，通过“新基建”拉动就业、带动上下游产业链增长，成为逆周期调节的重要手段。数字政府建设提升公共服务效率与精准治理水平，推动税收征管、社会保障、疫情应对等领域的信息化升级，增强公共治理能力和社会韧性，强化国家现代化水平。

数字教育、远程医疗、智慧养老等公共服务数字化推进，改善了偏远地区、弱势群体的获得感与发展机会，促进社会公平与长期人力资本积累，为长期增长提供人口与技能支撑。技术普惠性和数字技能培训也逐渐成为数字经济全球布局的重要内容，推动更多国家实现由“数字鸿沟”向“数字共富”转变。

总的来看，数字经济不仅是推动传统产业复苏的工具，更是创造新需求、构建新结构、激发新活力的基础性力量。它以技术创新引导结构调整，以数据要素推动生产方式升级，以平台生态支撑全球联通，为全球经济复苏和高质量发展提供了坚实支撑与广阔空间。未来，谁能更好拥抱数字化转型、塑造数字治理能力与构建数字合作体系，谁就能在全球新一轮经济竞争中赢得主动权与长期优势。

093 数字技术革新将如何铸就经济复苏的核心驱动？

数字技术革新正日益成为推动经济复苏和重塑增长格局的核心驱动。其本质在于对传统生产方式、要素配置、产业链条与商业逻辑的系统性重构，为全球经济注入新活力、增强韧性并拓展发展边界。在应对疫情冲击、地缘风险、人口老龄化与资源紧张等多重挑战下，数字技术展现出强大的适应性与牵引力，正引领世界经济迈向更加智能、高效、可持续的未来。

人工智能、大数据、云计算、物联网、区块链等关键数字技术通过构建智能决策系统、优化资源流动与激发创新活力，为生产体系赋能。制造业通过智能感知与数据分析，实现工艺优化与流程重塑，形成柔性化、小批量、高定制的智能制造模式，大幅提升全要素生产率。农业利用卫星遥感、无人机与智能算法开展精准种植和农业保险，实现增产增效。建筑与交通行业引入数字孪生、BIM建模与智能调度系统，提高工程效率与城市运行能级。

服务业受益于平台化与虚拟化，重建了消费链接与价值交付模式。线上医疗、远程教育、直播零售等新兴形态成为数字技术催生的新供给方式，满足个性化、多样化、即时性的消费需求。在经济复苏初期，消费是主要拉动力之一，数字技术通过激活线上消费、延伸服务半径与优化用户体验，扩大内需潜力，助力经济快速修复。

数字技术还促进要素市场效率提升，推动劳动力、资本、技术与数据之间实现动态协同。在线招聘平台、数字技能培训、远程办公系统提升了人岗匹配效率，缓解结构性就业难题。金融科技通过信用评估、智能风控与数字支付服务中小微企业，畅通资金流动渠道，缓解融资困境。

数据作为新型生产要素，通过算法模型转化为洞察力与预测力，为企业运营提供实时支持，助力战略调整与业务创新。

在公共治理领域，数字技术提升政府对风险的感知与响应能力。疫情期间的数据建模与健康码系统展现出数字治理的高效与精细。未来在社会保障、城市管理、灾害应对等方面，数字基础设施将成为保障国家运行安全与稳定的重要支柱，增强政府治理能力与社会系统韧性。

绿色转型亦是数字技术革新的重要落点。数字化可实现对能耗、碳排与资源使用的精细监测与智能管理，通过智慧能源系统、碳管理平台与绿色算法优化推动低碳生产与消费。算力资源本身也在朝绿色算力、节能芯片与可再生能源驱动方向发展，数字与绿色融合趋势明显，为构建“双碳”目标下的新型增长范式提供技术支撑。

在全球协同与开放中，数字技术打破传统地理与制度壁垒，推动跨境数据流动、远程协作与数字贸易兴起，构建更加开放与互联的全球经济网络。中小企业通过电商平台与云服务接入国际市场，增强全球参与能力。数字货币与跨境支付技术重塑国际金融通道，提升贸易便利度与效率。

数字技术革新不是孤立发生，而是与经济运行的全链条深度耦合。其复苏驱动作用体现在短期激发新需求、恢复信心，中期优化产业结构、提升效率，长期重构增长机制、推动经济高质量发展。未来经济增长的核心竞争力将来源于谁能在关键数字技术上实现突破，谁能在产业应用上构建领先生态，谁能在治理模式上实现制度创新。数字技术正在从工具角色跃升为制度性基础与战略性支柱，成为全球经济复苏之路上的关键力量。

094　数字基建布局的深化有何作用？

数字基建布局的深化正日益成为经济高质量发展的基础工程。它不仅提供算力、网络与数据的核心支撑，更重塑了资源配置逻辑、产业组织模式和增长路径，是推动新旧动能转换、促进生产效率提升和培育新兴业态的关键抓手。

以5G、千兆光网、工业互联网、数据中心和人工智能平台为代表的数字基础设施，构建了“人—机—物—数据”互联互通的高效网络，为智能制造、智慧城市、远程医疗、在线教育等应用提供技术底座。高速率、低时延、高可靠的网络环境，使企业可以实现实时协同、远程控制与敏捷制造，大幅提升运营效率与服务能力。

数字基建带动算力、算法、数据流的价值实现路径更加清晰。全国范围内“东数西算”工程推动算力资源跨区域均衡布局，优化能源使用结构，带动中西部地区数字经济发展，促进区域协调和产业转移。数据中心与云计算平台的集约建设，降低了中小企业的技术门槛，为创新创业提供普惠化数字能力支撑，推动数字要素与实体经济深度融合。

数字基建还强化了国家治理现代化基础，政务云、城市大脑、智能交通等系统依托高水平基础设施实现精准感知与智能调度，提升公共服务效率与治理能力。在“双碳”目标引导下，绿色数据中心与能效优化算法也成为数字基建的重要方向，实现发展与节能并举。

从战略角度看，数字基建不仅是经济增长的“新引擎”，也是技术自主、安全可控与制度创新的战略支点。通过前瞻性、系统化的数字基建布局，国家可以构建起强大的数字经济底座，为未来产业升级、社会进步与全球竞争提供坚实支撑。

095　如何促进实体经济与数字经济深度融合？

数字经济通过重塑要素配置、重构生产流程和优化产业生态，有效促进实体经济与数字经济的深度融合，推动传统产业向智能化、高效化与服务化方向转型。

数据作为新型生产要素，被嵌入实体经济的各个环节，推动形成以数据驱动为核心的决策模式。通过工业互联网、物联网和人工智能技术，制造企业可实现设备状态实时监测、产线自动排产与故障预测维修，提升生产效率与产品质量。数字技术对供应链的感知力、协同力和响应力不断增强，帮助企业构建灵活、韧性强的运营体系。

消费端的数字化推动传统零售、教育、医疗等行业加快线上线下融合。以用户数据为基础，企业可精准分析需求，实现产品定制、服务个性化与体验优化。新型电商、直播带货、社区团购等模式催生多元消费场景，激发内需潜力。

在农业领域，数字技术带动智能种植、无人化作业与农产品电商平台发展，推动农业提质增效。金融领域通过数字风控与智能信贷拓展服务边界，助力中小企业融资可得性。交通、物流、能源等行业也通过数字平台提升调度效率与资源配置水平，增强系统整体运转能力。

通过构建统一的数据平台、产业平台和服务平台，数字经济正成为连接各类资源与应用的枢纽，使实体企业具备快速响应市场、持续创新发展的能力。实体经济的数字化转型不仅提升了行业自身竞争力，也为数字经济提供了广阔的应用空间，实现二者的互促共生。

096 数字经济治理体系将如何进一步完善?

数字经济治理体系的进一步完善，需要在制度建设、技术监管、平台责任、数据治理与全球协同等多个维度协同推进，构建适应新技术特征与新商业模式的多层次、多主体、可持续的治理结构。

在制度层面，需加快推动基础性法律法规的制定与修订，完善数据要素市场规则、平台经济监管机制、算法治理框架以及人工智能伦理规范等。通过立法明确数据产权归属、使用边界与交易规则，强化对算法透明度、公平性和可解释性的要求，建立平台经济反垄断与公平竞争的法律体系，为数字经济的健康运行提供可预期的制度保障。

技术监管机制需要同步升级，强化“技术+监管”双轮驱动。通过建立数字监管基础设施、监管沙箱与技术评估平台，实现对算法模型、数据处理、平台行为的实时感知与动态响应。监管应具备可编程性与灵活性，推动形成数据可追溯、操作可审计、结果可验证的数字合规机制，提升治理效率与穿透力。

平台责任体系须进一步细化与压实，强化平台企业在信息安全、内容管理、用户权益保护、算法公平性等方面的主体责任。鼓励平台建立内部审查机制与外部监督机制，推动透明化治理与合规运营。对大型平台，应引入分级监管与系统性影响评估机制，避免数字垄断和技术依赖带来的系统性风险。

数据治理是数字经济治理的核心环节。应构建全生命周期的数据管理体系，从数据采集、存储、使用、共享到销毁全流程设立合规标准，推动数据分级分类管理与脱敏处理技术普及。通过建立公共数据平台与可信数据中介机制，促进数据要素合理流通与价值实现，同时加强个人隐私保护与数据安全防护，提升公众对数字生态的信任度。

数字公共治理能力也需同步提升，推动政务数据开放共享与业务流程数字化重构。通过建设政务云、智慧治理平台与大数据决策系统，实现多部门数据联通、资源协同与科学监管，增强政府在数字时代的协调力与服务力。

在全球层面，数字经济治理需要跨国协同应对技术外溢、数据跨境流动、平台规则冲突等挑战。推动多边机制建设与国际规则谈判，参与全球数字标准、网络安全、数据保护等方面的共识构建，提升我国在全球数字治理中的话语权与制度塑造力。

数字经济治理体系的完善不是静态的制度构建，而是动态的系统演进过程。须在包容创新与风险防控之间取得平衡，在多元主体参与中实现共治共享，打造具有前瞻性、适应性与韧性的数字经济治理新格局。只有构建起高效、透明、公平、安全的治理体系，才能为数字经济的长期繁荣发展提供坚实制度支撑。

097　数字经济国际合作的未来方向有哪些?

数字经济的全球化发展趋势日益显著，推动各国在技术、规则、数据和产业等多方面展开更紧密的国际合作。面对日益加剧的地缘政治博弈、技术壁垒与数据主权分歧，未来数字经济国际合作的方向将更趋务实、多元与机制化，围绕互联互通、规则协调、能力共享与安全协同等维度展开系统性推进。

技术互联互通将成为国际合作的基础方向。全球在5G、云计算、人工智能、物联网等领域的基础设施建设仍存在标准差异和兼容性问题，未来应加强跨国技术标准制定合作，推动关键领域的接口统一与协议对接。围绕数字身份、支付系统、工业协议等关键领域构建跨境兼容标准，有助于降低交易成本，促进全球数字技术产品的互联互通与广泛落地。

数据跨境流动治理将是核心议题。数据作为数字经济的关键生产要素，其跨境流动在促进国际贸易、跨国服务、科技研发等方面发挥巨大作用，但也面临国家安全、个人隐私与主权控制的多重挑战。未来合作方向将聚焦在构建可信数据流动机制，推动形成包容、公平、安全的跨境数据规则体系。探索以“数据本地存储+有序出境+授权使用”为核心的多边协调路径，发展数据中立港、可信数据中介等新型治理实践。

数字贸易规则协调将推动全球数字市场一体化进程。当前各国对跨境电商、数字服务、数字税收等领域的政策存在显著差异，影响国际企业布局与用户权益保障。未来应依托世贸组织、亚太经合组织、区域全面经济伙伴关系协定（RCEP）等多边平台，推动数字贸易规则透明化、简约化与可执行化，支持中小企业拓展国际市场并确保遵守当地法规，扩大发展中国家在数字经济治理中的话语权。

数字基础设施建设合作将在“一带一路”倡议和全球发展倡议框架下持续推进。针对欠发达地区基础网络薄弱、应用能力低下的问题，未来将加强跨国投资、技术转移与人才培训，通过数字丝路、云计算中心、海缆系统等建设提升全球数字化水平，推动数字技术成为全球减贫、医疗、教育、环境治理等领域的普惠工具，增强全球包容性增长动能。

数字创新生态共建将提升全球产业协同能力。围绕智能制造、绿色能源、生物技术等融合性技术，推动跨国研发平台、孵化机制与共享实验室建设，打破“技术孤岛”与“创新碎片化”，建立跨国企业、科研机构与政府间的协作网络。人工智能治理、算法透明、知识产权保护等前沿议题也将成为多边机制的重要议程，推动构建负责任的全球创新共同体。

人才与数字能力建设合作将成为长期合作支柱。数字鸿沟是制约全球数字经济协同发展的关键障碍，未来需要通过跨国人才交流计划、数字教育协作、在线课程互认、开放认证体系等手段，提升发展中国家的数字人才培养能力与技术应用能力，形成全球多层次的数字能力共享网络。

网络安全与数字信任机制建设是保障合作可持续的底线。面对网络攻击、数据泄露、算法操控等跨国性挑战，国际社会将加快构建风险预警、应急响应、情报共享与法律协作机制，推动网络空间规则由碎片化走向体系化。建立全球网络安全合作伙伴关系和信任评估体系，推动技术中立、边界清晰、责任对等的全球网络治理格局逐步形成。

未来数字经济国际合作不仅是产业融合的推动力量，也是全球治理体系现代化的重要组成。面对技术与制度的双重重塑，各国需要在竞争中寻找共赢机会，在差异中建立协商机制，在挑战中共建合作秩序，推动形成多边参与、包容共治、共享红利的全球数字经济合作新格局。这不仅关乎经济效率的提升，也关乎全球发展公平与人类命运共同体的构建。

098 数字经济如何推动经济高质量发展？

数字经济作为推动经济高质量发展的核心引擎，正深刻重塑生产方式、产业结构与增长逻辑。它通过提升资源配置效率、优化要素结构、激发创新活力和增强产业韧性，为构建现代化经济体系提供了坚实支撑，也成为推动新旧动能转换、实现结构性升级的关键力量。

在生产效率方面，数字经济通过技术赋能全面提升要素使用效率。依托云计算、物联网、人工智能等技术，企业能够实时感知市场变化和资源流动，推动生产从计划驱动向数据驱动转变。工业互联网连接设备、系统与人员，打通“设计—制造—管理—服务”的全流程数据链条，实现智能制造与柔性生产，大幅降低成本、缩短周期、提高质量，提升整体生产效率。

在资源配置方面，数字技术打破了传统时空限制，使得生产要素实现跨区域、跨平台的高效流通。平台经济、共享经济和智能调度机制的广泛应用，使劳动力、资本、土地、数据等资源在更大范围内实现精准匹配与动态优化。企业在平台上快速获取服务、技术和客户，个体也能在数字平台上参与价值创造，极大提升了资源配置效率与经济包容性。

在产业结构调整上，数字经济推动高端化、智能化、绿色化转型。制造业通过数字化改造实现向服务型制造、个性化定制和工业软件方向跃升，增强产业链核心竞争力。服务业与信息技术深度融合，催生智慧医疗、在线教育、数字文旅等新业态。农业则通过智慧种植、农产品追溯、电商销售等手段提升附加值，促进城乡融合发展，推动第一、第二、第三产业协同升级。

创新驱动是数字经济促进高质量发展的核心逻辑。数字技术自身具有高频迭代与外溢性强的特征，催生大量技术突破与商业模式创新。大数据驱动的精准决策、AI赋能的智能服务、区块链支持的可信交易，形成新产品、新场景、新模式。大量创业企业依托数字平台迅速成长，打破传统市场壁垒，激发微观主体创新活力，构建以创新为核心的竞争生态。

数字经济还重构了消费体系，引领从传统商品消费向服务型、体验型、智能型消费升级。移动支付、短视频电商、社交零售、直播带货等数字化消费模式，不仅扩大内需、拉动消费升级，也催生出内容经济、兴趣经济等新型消费生态。在“双循环”新发展格局中，数字经济成为畅通国内大循环、连接国内国际“双循环”的关键纽带。

在区域发展上，数字经济推动边缘地区缩小与中心城市的数字鸿沟。通过“上云用数赋智”，中小企业和偏远地区可享受与大城市同等的技术服务与市场机会，提升区域均衡发展水平。“东数西算”等全国一体化算力布局，推动中西部地区成为新型算力枢纽，带动相关基础设施投资与产业集聚，形成区域经济协同发展新格局。

在绿色发展方面，数字经济为节能降碳、绿色制造与环境治理提供技术手段。通过能耗监测、碳排追踪、智能调度等系统构建绿色供应链和低碳产业体系，推动生产过程更加绿色可持续。数字化手段在气候预警、生态保护、垃圾分类等领域的广泛应用，也增强了生态文明建设的科学性与精细化水平。

数字经济对提升政府治理能力与优化营商环境同样具有重要价值。通过数字政务、智慧城市和一体化政务服务平台，政府能够实现高效透明的管理与服务，优化行政流程，降低制度性交易成本。数据共享与智能决策提升政策响应速度与精准度，为营商环境优化提供保障。

总体而言，数字经济不仅是经济增长的新引擎，更是推动高质量发展的关键支柱。它贯通生产、分配、流通与消费全链条，连接企业、个人与政府多主体，催生新模式、释放新动能、构建新生态，为实现更高效率、更高效益、更可持续的发展目标提供了现实路径。在新一轮科技革命和产业变革的背景下，谁能率先完成数字化转型，谁就将在未来全球竞争中占据主动地位。

099 数字经济在未来城市规划和管理中的应用前景如何？

数字经济正在深刻改变未来城市规划与管理的理念、模式和技术路径，为城市治理体系和治理能力现代化注入强大动力。它以数据为核心资源、以平台为协同工具、以智能技术为驱动引擎，推动城市从传统的空间规划与被动管理，转向动态感知、精准决策与实时响应的智慧治理模式。未来，城市将不再是静态的空间集合，而是一个高度数字化、智能化、可持续运行的复杂系统。

在城市规划领域，数字经济为空间布局、功能配置和资源整合提供了更加科学的决策依据。借助大数据、云计算与数字孪生技术，城市管理者能够模拟不同规划方案下的人流、车流、资源配置和环境影响，实现“先算后建”的科学规划逻辑。通过对海量历史数据与实时动态的整合分析，规划方案可以更加契合人口结构变化、产业发展趋势与生态承载能力，提升城市空间利用效率和弹性应变能力。数字孪生城市模型的广泛应用将使得规划人员能够“实时看到未来城市”，提前预判各种规划调整带来的连锁反应，降低城市建设的盲目性与路径依赖。

在基础设施建设方面，数字经济推动了从“硬件导向”向“数据驱动”的转变。智慧路网、智能电网、数字水务、城市物联网等新型基础设施将成为城市建设的“新骨架”。这些设施不仅承担基本功能，更能够实时采集运行数据，并与城市运行系统联动，实现跨系统的资源调配与故障预测。例如，在交通领域，智能交通系统可通过动态监测与算法调度实现拥堵疏导、信号灯优化与出行建议，提高道路通行效率并降低碳排放。

在城市管理方面，数字经济促进了政府职能从“管理为主”向“服务为本”的转型。城市治理依托数字平台与算法模型实现了高效、精准的公共资源配置。政务数据的开放共享推动跨部门协同，智慧城管系统可实时感知城市运行状态，对违法建设、垃圾溢出、设备故障等问题进行自动识别与工单派发。借助人工智能与大数据分析，城市应急系统可在灾害发生前进行风险预警，在发生后实现高效调度与智能指挥，显著提升城市抗风险能力与治理效率。

数字技术也极大提升了市民参与城市管理的深度与广度。政务App、城市公众号、在线问政平台等渠道降低了公众参与门槛，形成“共建共治共享”的城市治理新格局。通过收集与分析居民意见和行为数据，管理者能够更加精准地理解民众需求与情感诉求，推动城市服务个性化与治理手段柔性化，增强城市的包容性与人本属性。

在城市经济层面，数字经济推动了城市功能从“资源聚集型”向“创新驱动型”跃升。数字产业集群的崛起为城市带来新就业、新消费与新税源，同时也改变了城市功能区的组织形态。未来的城市规划将更多考虑数字经济企业聚集的空间逻辑、创业生态的演化机制与创新资源的配置效率，实现“职住平衡、产城融合”的有机协调。数字经济还推动了共享经济、平台经济等新模式的发展，重塑城市商业生态与社区服务体系，使城市更加多元、灵活与可持续。

在生态治理方面，数字经济赋能城市实现从“粗放治理”向“精细治理”转型。通过智能感知系统实时监控空气质量、水体污染、噪声分布与绿地覆盖，城市能够动态掌握生态运行状态并及时采取调控措施。碳排放数据平台、绿色建筑监测系统与低碳出行引导系统正在成为智慧城市绿色发展的重要支撑，为实现“双碳”目标提供精准管理工具。

数字经济还为未来城市提供了持续演进与自我更新的能力。通过对运行数据的不断积累与模型优化，城市将逐步形成“数据—决策—反馈—优化”的闭环机制，实现以数据驱动为核心的自治能力。这一机制不仅提升城市运行效率，也增强其对复杂环境的适应能力，使未来城市更具弹性与可持续性。

总体而言，数字经济赋能下的城市规划与管理正迈入全生命周期、全要素、全场景的智能时代。未来城市不再是物理空间与人群的被动容器，而是集数据感知、智能处理与实时调控于一体的智慧系统。在这一过程中，城市治理逻辑、公共服务方式与居民生活方式将发生深刻变革，数字技术将成为构建宜居、韧性、绿色、包容城市的核心支柱。谁能率先建立以数据为纽带、以协同为机制、以创新为动力的智慧治理体系，谁就能在全球城市竞争中占据先机，引领数字时代的城市发展范式。

100　数字经济如何引领未来产业变革?

数字经济正以数据驱动、技术融合和智能演化为核心特征，引领全球范围内的产业系统性重构与变革。它不仅重塑了传统产业的生产逻辑、组织方式和价值链结构，更推动了新兴产业的快速崛起，为未来产业变革提供了根本性动力。数字经济的兴起标志着人类正从工业经济时代加速迈向智能经济时代，其影响正从局部领域向全产业链、全生态体系深度扩展。

从生产方式看，数字经济引导产业走向智能化、精细化与柔性化。以人工智能、物联网、5G、边缘计算等为代表的数字技术正在广泛嵌入制造、能源、交通、医疗、农业等传统行业，推动形成感知—分析—决策—执行的闭环系统。智能制造通过工业互联网实现设备互联与数据实时采集，生产过程高度自动化、个性化，显著提升生产效率与产品质量。远程监控、数字孪生、预测性维护等技术实现工厂由“看得见的硬件”向“看得见的数据”跃升，使得传统产业在数字赋能下焕发新生。

从产业组织看，数字经济打破了传统企业的边界与层级结构，推动产业生态重构。平台型企业通过构建开放式生态系统，聚合多方资源，实现供需精准匹配与动态协作。共享经济、众包众创、分布式协同等模式逐渐兴起，催生了以用户为中心、以数据为核心的新型组织方式。数字平台不再仅是交易场所，更成为资源配置中枢、价值创造网络和创新孵化器，推动中小企业、个体经营者与大型企业在同一数字场景中实现协同共赢。

从价值链重构看，数字经济打通了研发、制造、销售、服务等全环节的信息流、资金流与物流，实现了端到端的整合与优化。产品设计阶段借助大数据与用户反馈实现C2M（用户直连制造）模式；销售环节通过精准推荐与私域运营增强转化率与客户黏性；服务环节引入智能客服、售后机器人与用户画像系统，实现全天候响应与体验优化。产业链上下游通过协同平台实现数据互通、能力共享与风险共担，提升产业链韧性与敏捷性。

在产业创新层面，数字经济催生大量新兴产业与交叉产业，形成新的经济增长极。人工智能、生物计算、元宇宙、虚拟现实、区块链等新兴技术不断交叉融合，催生出数字健康、数字金融、智慧物流、智慧农业、文化科技融合等新业态新模式。数据资产成为核心资源，算法模型成为生产工具，平台生态成为创新场景，推动产业由“技术驱动”向“生态驱动”转型。

在消费端，数字经济重构了用户体验与商业逻辑。传统消费以物为中心，数字经济则以人为中心，通过大数据分析、智能推送与虚拟交互构建个性化、沉浸式、互动化的消费场景。虚拟直播、AI导购、数字人客服等新模式不断涌现，打破线上线下边界，推动“人—货—场”三要素的动态重构。消费互联网向产业互联网延伸，带动供给侧结构性改革，促进产业链、供应链与价值链的深度协同。

从绿色低碳角度看，数字经济引领产业向可持续方向演进。通过智能调度、能耗优化、碳排管理等手段，数字技术帮助企业实现精细化节能减排，推动产业链绿色重构。绿色数据中心、低碳云计算、智能电网等基础设施加速部署，为构建低碳、高效、循环的产业体系提供有力支撑。数字技术也推动环保产业、碳交易平台、绿色金融等新领域发展，成为落实“双碳”目标的重要支撑。

数字经济还推动全球产业价值链重构与地理分布再平衡。数字平台降低了中小企业参与国际市场的门槛，推动跨境电商、远程服务、全球外包与数字内容输出的快速增长。云制造、数字孪生与全球协同设计重塑传统国际产能分工格局，使产业组织更加灵活、高效与分布式，为新兴经济体和发展中国家带来“换道超车”的机会。

从治理模式看，数字经济推动产业治理从经验驱动向数据驱动演进。政府、企业、社会等多元主体在数字空间中实现数据共享、风险共治与生态共建，产业治理更加透明、高效与智能。算法治理、平台监管、数据确权、隐私保护等制度创新不断深化，构建起与数字时代相适应的治理体系。

总体来看，数字经济不仅是产业发展的助推器，更是产业结构变革的引领者。它通过深度嵌入和广泛赋能，正在打破旧有范式、塑造新型生态，推动全球经济进入“以数据为要素、以智能为核心、以融合为路径”的新工业文明阶段。未来谁能抢占数字技术制高点、构建数字产业链优势、形成数字生态治理能力，谁就能在产业变革浪潮中掌握主动权，引领全球竞争新格局。